Merlin R. Carothers, Erneuert euer Denken

W0066766

Merlin R. Carothers

Erneuert euer Denken

VERLAG JOHANNES FIX

7060 Schorndorf

Aus dem Amerikanischen übersetzt von Brigitte Mayer
Umschlaggestaltung: Erich Eipperle
Originaltitel: What's on your mind?

Alle Bibelstellen sind – wenn nicht anders angegeben – der
Einheitsübersetzung entnommen.

1. Auflage Mai 1985

© 1984 Merlin Carothers, Escondido, CA.
All rights reserved
© der deutschen Ausgabe Verlag Johannes Fix, Plüderhausen
Satz: Uhl+Massopust GmbH, Aalen
Herstellung: Ebner Ulm

ISBN 3-87228-133-X

Inhaltsverzeichnis

Vorwort

Stell dir einmal vor, über deinem Kopf hängt eine Kinolein-
wand. Projiziere nun die Gedanken auf diese Leinwand, die dir
in den letzten Wochen durch den Sinn gegangen sind. Müßtest
du dich schämen, wenn alle deine Bekannten auf diese Weise
deine Gedanken sehen könnten? Wenn ja, dann mußt du
dringend »Erneuert euer Denken« lesen und verstehen. Hätte
ich selbst diese Wahrheiten nur schon gewußt, als ich noch ein
junger Mann war.
Ich möchte dir hier weitersagen, was ich inzwischen gelernt
habe; und ich bete darum, daß Gott diese Worte dazu benützt,
dir unnötiges Leiden zu ersparen.
Ich schreibe dieses Buch, weil ich selbst es lesen muß, weil Gott
es mir ins Herz hineingebrannt hat und mich dazu drängt, es
auch anderen zugänglich zu machen.

Bitte denke einmal über die folgende Frage nach:
Was ist Gott wichtiger?

1. Unsere Handlungen oder
2. unsere Gedanken und Wünsche?

Warte mit der Antwort, bis du dieses Buch durchgelesen hast.

Einleitung

Ich war davon überzeugt, daß es nie geschehen könnte.
Ich war absolut sicher, daß es nicht geschehen könnte.
Ich wußte es ohne den geringsten Zweifel: es konnte unmöglich geschehen.
Es geschah doch.
Mein Verlangen veränderte sich! Ich *wollte* keine unreinen Gedanken mehr denken.
Ein Wunder? Nein, eine Entdeckung!
Zum erstenmal in meinem Leben hätte meine Frau alle meine Gedanken wissen dürfen. Nun hätte es mich auch nicht mehr in Verlegenheit gebracht, wenn meine Töchter alle Gedanken meines Herzens erfahren hätten. Ich hätte nun jede Frau anschauen können – auch die allerschönste – und hätte die Freiheit gehabt, ihr jeden Gedanken meines Herzens zu offenbaren.
Gott hat mich auf eine Reise geschickt, auf der die allergeheimsten Gedanken und Wünsche meines Herzens verändert werden sollten . . .

1. Ein Prediger versagt

Mit tränenüberströmtem Gesicht saß mir der Prediger gegenüber; er machte den Eindruck, als hätte er alles verloren, was auf dieser Welt für ihn von Bedeutung war. Und in der Tat war er dicht daran, all das zu verlieren, was er im Lauf seines Lebens aufgebaut hatte. Ein Leben voller Aufopferung, harter Arbeit und des Dienstes an anderen Menschen war am Zerbrechen. Hier nun seine Geschichte, wie er sie mir erzählt hat.

Eine äußerst attraktive Frau aus seiner Gemeinde wünschte ein seelsorgerliches Gespräch mit ihm, und seine Sekretärin hatte einen entsprechenden Termin mit ihr vereinbart. Er fühlte sich geschmeichelt, daß gerade diese Frau zu ihm in die Seelsorge kommen wollte. Wo immer sie auch zu sehen war, folgten ihr die bewundernden Blicke der Männer, die ihr in der Regel lange nachsahen. Natürlich war sie sich bewußt, wie sehr sie die Aufmerksamkeit auf sich lenkte, und sie kostete dies auch voll aus. Soweit dem Pastor bekannt war, hatte sie jedoch an einer engen Beziehung zu einem Mann keinerlei Interesse.

Wie der Pastor mir erklärte, empfand er eine gewisse physische Genugtuung, als die Frau dann zu ihm in die Sprechstunde kam. Er selbst hatte sich stets für »glücklich verheiratet« gehalten und mit großer Vorsicht alles gemieden, was seinem Image als »Mann Gottes« hätte schaden können. Er und seine Frau zogen mehrere Kinder groß, und sie bildeten zusammen eine überaus glückliche Familie, Glieder seiner Gemeinde bezeichneten sie oft als die »ideale Familie«.

Das Problem dieser Frau nun war ein recht außergewöhnliches. Sie litt ständig an Schuldgefühlen, weil sie fortwährend das Verlangen hatte, mit verschiedenen Männern sexuelle Beziehungen zu haben. Dieses Verlangen nach einem ausschweifenden Leben verfolgte sie Tag und Nacht. Sie erzählte ihm einige wenige Einzelheiten aus ihrer bewegten Vergangenheit, versicherte ihm jedoch, daß sie sich seit ihrer Entscheidung für Christus, die sie einige Jahre zuvor getroffen hatte, hinsichtlich ihrer Leidenschaft habe beherrschen können – zumindest bisher.

Der kritische Punkt in diesem seelsorgerischen Gespräch kam, als sie ihm sagte, daß sie am allermeisten zu ihm, ihrem Pastor, eine körperliche Beziehung haben wolle. Anstatt an dieser Stelle sofort abzubrechen, blieb der Pastor sitzen und hörte ihr weiter zu, wie sie ihm im Detail all das erklärte, was sie mit ihm gerne tun würde.

Er sagte mir, daß es ihn seine ganze Kraft gekostet habe, diese Frau aus seinem Büro hinauszubegleiten.

Mehrere Wochen lang mußte er immerzu an diese Frau denken. Wiederholt sagte er sich, er würde dafür sorgen, daß beim nächsten Gespräch unbedingt auch seine Frau anwesend wäre, sollte ein solches überhaupt noch zustande kommen. Die Frau kam das nächste Mal jedoch völlig unangemeldet; ganz überraschend wurde sie von der Sekretärin in sein Büro gebracht.

Während dieser Aussprache brachte die Frau noch deutlicher zum Ausdruck, was sie mit dem Pastor gerne tun würde. Er erklärte ihr, daß diese Wünsche etwas ganz Böses seien und daß sie sich nach einem Mann umsehen müsse, der ihr ein guter Ehemann wäre und ihre Bedürfnisse befriedigen könne. Doch da setzte sie dann jene Waffe ein, der die meisten Männer erliegen: sie begann zu weinen. Um sie zu trösten, eilte er an ihre Seite und legte ihr die Hand auf die Schulter. In dem Augenblick erhob sie sich und umarmte ihn. Von da an nahm die Sache einen bösen Verlauf. Das Resultat war schließlich, daß die Frau schwanger wurde und nun von ihm verlangte, daß er sich von seiner Frau scheiden ließ, um sie zu heiraten.

Mir fiel auf, daß dieser Pastor Anzeichen aufrichtiger Buße zeigte und *alles* tun wollte, um sein Leben wieder in Ordnung zu bringen. Die große Frage war jedoch: *Was* konnte er tun, um dies zu erreichen? Die Frau drohte damit, daß sie – falls er sie nicht heiraten würde – der Gemeinde sagen würde, daß er der Vater ihres ungeborenen Kindes war.

Ich wollte nun wissen, was diesen Pastor in die Situation hineingeführt hatte, in der er sich jetzt befand. Was hatte dieses tragische Versagen verursacht, nachdem er ein Leben lang darum bemüht gewesen war, ein mustergültiger Ehemann, Vater und Diener Gottes zu sein? War er ein Mensch mit einem bösen Herzen? Alle Anzeichen sprachen dafür, daß er im

Grunde ein rechtschaffener Mensch war. Vor zwölf Jahren war er in diese Gemeinde gekommen, die damals nur aus knapp fünfzig Leuten bestand. Durch seinen Dienst war die Mitgliederzahl auf über zweitausend angewachsen. Auch hatte er in seiner Gemeinde zwei erfolgreiche Bauprogramme durchgeführt. Er wohnte mit seiner Familie in einem wunderschönen Heim und konnte sich alle drei Jahre einen neuen Wagen leisten. Die Kinder besuchten eine christliche Schule. Alle diese Annehmlichkeiten wurden ihm durch die Gemeinde ermöglicht. Jetzt war er dabei, alles zu verlieren – vielleicht sogar seine Familie und seinen guten Ruf.

Wie hatte es in seinem geistlichen Leben ausgesehen? Ich befragte ihn darüber und erfuhr, daß er es mit seiner Hingabe an Gott aufrichtig und ernst gemeint hatte. Gott hatte auch seine wöchentliche Verkündigung dazu benützt, daß Menschen für Christus gewonnen wurden. Er hatte seine Gemeindeglieder allen Ernstes im Worte Gottes unterwiesen und sie dazu ermutigt, nach den Früchten des Heiligen Geistes zu trachten. Worin war denn dann die Ursache für sein Fehlverhalten zu suchen?

Da das vorliegende Problem die Folge einer außerehelichen Beziehung war, fragte ich ihn, ob er früher schon einmal seiner Frau untreu gewesen sei. Er versicherte mir jedoch, dies sei das erste Mal seit Beginn seines Verkündigungsdienstes, daß er etwas getan habe, wofür er sich jetzt schäme. Ich griff das von ihm gebrauchte Wort »getan« auf und fragte ihn, weshalb er es verwendet habe. »Weil ich bis zu dem jetzigen Vorfall nie etwas anderes getan habe, als hinsichtlich anderer Frauen nur normale Gedanken zu haben.« Da war es nun heraus. Er hatte also hinsichtlich anderer Frauen immer nur »Gedanken« gehabt. Nachdem er etwa dreißig Jahre lang »nur Gedanken« gehabt hatte, hatten diese Gedanken jetzt in einer Tat ihre Blüten getrieben. War die ehebrecherische Tat das Resultat dessen, daß diese bildhübsche Frau zu ihm in die Seelsorge gekommen war? Wohl kaum! Seine Tat war das Resultat jahrelangen *Denkens*. Woher weiß ich das? Weil dies genau das ist, was die Bibel in Matthäus 15,19–20 sagt: »Denn aus dem Herzen kommen böse GEDANKEN ... Ehebruch, Unzucht ... Das ist es, was den Menschen unrein macht ...« Der obige Bericht ist nichts Ungewöhnliches. In der Tat ereignen sich unter

Gläubigen laufend ähnliche emotionale Vorkommnisse, die sich im einzelnen von dem oben geschilderten etwas unterscheiden mögen.

Ich bat den Pastor, mir einmal zu sagen, was seiner Ansicht nach die Bibel über sinnliche Gedanken zu sagen habe. Aus seiner Antwort ging hervor, daß er sich der biblischen Warnungen vor Ehebruch vollkommen bewußt war, daß er aber keine Stelle wußte, die sich mit den Gedanken befaßte. Ich war überrascht zu erfahren, wie wenig dieser Prediger über Gottes Forderung nach reinen und heiligen Gedanken wußte. Vielleicht hätte ich nicht überrascht sein sollen, denn eigentlich hatte ich ja bereits gemerkt, wie wenig der Durchschnittschrist von der Bedeutung dessen wußte, was uns in unseren Gedanken beschäftigt. *Wollen* Christen eigentlich wissen, was Gott verlangt? Es ist einfach, sich mit der Tatsache abzufinden, daß wir eben nicht vollkommen sind; es ist einfach, eben nur weiter in die Gemeinde zu gehen und die Dinge zu tun, die uns schon vertraut sind.

Da dieser Pastor mich um Rat gebeten hatte, schlug ich ihm vor, von seinem Amt zurückzutreten, in eine entfernte Gegend zu ziehen und sein Leben neu aufzubauen. Er sagte mir, er sei zu diesem gleichen Schluß gekommen, könne sich jedoch noch nicht so recht von der Geborgenheit lösen, die ihm die Gemeinde biete. Der Gemeindedienst war eben sein ganzer Lebensinhalt; auch besaß er außer der Ausübung dieses Dienstes keine anderen Fähigkeiten. Doch stimmte er mit mir überein, daß dies für alle Beteiligten die beste Lösung war.

Monate später erfuhr ich, daß dieser Mann seiner Frau den Fehltritt bekannt und sie ihm vergeben hatte. Dann legte er auch vor der Gemeinde ein Bekenntnis ab in der Überzeugung, daß es die Gemeindeglieder von ihm selbst und von keinem anderen erfahren sollten. Konnten sie ihm vergeben? Manche taten dies wahrscheinlich, manche auch nicht. Denn es ist für das durchschnittliche Gemeindeglied eine sehr schwierige Sache, wenn es miterleben muß, wie sein Pastor vom Dienst zurücktreten muß. Schließlich sollte er doch vollkommen sein. Jedermann weiß zwar, daß er dies nicht ist; doch den Eindruck sollte er zumindest erwecken.

Dieser Mann hat nun einen anderen Beruf und setzt sich voll

ein, um für seine Familie sowie auch für die andere Frau und das Kind zu sorgen.

Es ist für ihn immer noch ein Schmerz, wenn er daran denkt, was er sich selbst und anderen angetan hat.

Ich habe den Heiligen Geist gebeten, mir zu zeigen, ob auch in mir Samen der Unkeuschheit verborgen liegen, die auf die Gelegenheit warten, Blüten treiben zu können. Wenn sie vorhanden sind, werden sie eines Tages auch aufgehen! Ich möchte dich deshalb bitten, dein eigenes Herz unter dem Mikroskop von Gottes Wort zu prüfen. Hast du geheime Wünsche, verborgene Sehnsüchte oder versteckte Leidenschaften, die sittlich nicht rein sind? Obwohl dies vielleicht der Fall ist, willst du aber keineswegs, daß diese irgendwann einmal aktiviert werden. Doch jeder Gedanke, der sich mit unerlaubtem Sex beschäftigt, gleicht einem Ungeheuer, das irgendwann einmal die Herrschaft übernimmt. Es kann zwar viele Jahre lang verborgen bleiben; doch im richtigen Augenblick kommt es zum Vorschein. In der Tat ist diese böse Macht oft bereit, den richtigen Moment für den Ausbruch geduldig abzuwarten. Sie möchte nämlich so vielen Menschen wie nur möglich Schaden zufügen. Flößt dieser Gedanke dir Furcht ein?

Ich möchte hier betonen, daß ich in diesem Zusammenhang nicht von einer *Besessenheit* der Gläubigen durch böse Geister spreche. Aber es gibt in dieser Welt eine böse Macht, die das Bedürfnis hat, all das zu vernichten, was Gott aufbauen möchte. Diese Macht – der Satan – ist viel klüger, als es der Durchschnittsmensch annimmt. Der Satan veranlaßt *seine* Leute, in offener Rebellion gegen Gott zu leben; doch bei Christen gibt er sich damit zufrieden, wenn er in ihrem Innern auf geheimnisvolle Weise arbeiten kann. Seine Taktik geht dahin, daß er uns dazu verleitet, die Dinge zu tun, die Gott verboten hat. Ist das Verlangen erst einmal geboren, sieht der Satan zu, daß diese Lust auch intensiviert wird. Er lenkt unsere Aufmerksamkeit wiederholt so lange darauf, bis sie stärker ist als unser Verlangen, Gott gehorsam zu sein.

Der erwähnte Pastor wollte ebenfalls Gott gehorsam sein; doch hatte er sich in einer Traumwelt bewegt: nämlich in der Welt seiner Phantasie. In seiner Vorstellung hatte er häufig sexuelle Beziehungen zu anderen Frauen gepflegt. Er genoß diese Welt der Phantasie, beabsichtigte jedoch niemals, etwas Derartiges auch wirklich zu *tun*. Ich bezweifle, daß er sich jemals nach einer Frau umgesehen hätte, um mit ihr Ehebruch zu begehen. Wie in jedem Fall, so mußte auch hier der Satan eine Situation herbeiführen, die auf die persönliche Eigenart dieses Mannes zugeschnitten war. Der Satan kennt nämlich jeden einzelnen von uns weit besser, als wir uns selbst kennen! Er hat schon seit Jahrtausenden die Möglichkeit, die Menschheit zu beobachten.

Die meisten von uns kennen Menschen, die moralisch verwerfliche Handlungen begangen haben. Wir haben keinen Grund, sie zu verurteilen, denn Gott hat uns streng davor gewarnt, daß wir uns als Richter aufspielen. Wir können nur eines machen, nämlich aus ihren Erfahrungen lernen. Indem wir fleißig in der Bibel forschen, was sie zum Thema Gedanken und *Phantasie* zu sagen hat, geben wir dem Heiligen Geist die Gelegenheit zur Reinigung unserer Herzen.

Am Schluß einer meiner Vorträge kam einmal eine Frau auf mich zu und bat mich um eine Beratung. Ich schlug ihr vor, daß wir uns dazu auf die vordere Stuhlreihe setzten. Doch sie erwiderte, ihre Angelegenheit sei so persönlich, daß sie mich an einem etwas abgeschirmteren Platz sprechen müsse. Daraufhin bot uns der Pastor sein Büro an. Dort schüttete die Frau mir ihr Herz aus und erklärte mir in allen Einzelheiten ihre Situation, aufgrund derer sie sich mit Selbstmordgedanken befaßte.

Ihr ganzes Leben lang hatte diese attraktive, kultivierte Frau schon zu dieser Gemeinde gehört. Vor rund fünfzig Jahren hatte sich ihr Vater bereits am Bau des ersten Kirchengebäudes beteiligt. Der größte Teil ihrer Verwandten und Bekannten gehörte ebenfalls zu dieser Gemeinde. Sie selbst nahm fast an allen Aktivitäten der Gemeinde teil und liebte diese sehr.

Ihr Familienleben schilderte sie als nahezu ideal. Ihr Mann hatte für ein wunderschönes Heim und ein neues Auto gesorgt und kaufte ihr alle Kleider, die sie sich wünschte. Sie hatten auch gesunde Kinder, die gute Schulen besuchten. Sie hatte die Freiheit, zu tun und zu lassen, was sie wollte, und wurde wahrscheinlich von den meisten Frauen, die sie kannten, beneidet.

Aber – und ein solches »Aber« gibt es ja fast in jedem Leben – ihr Ehemann war kein sehr warmherziger Mensch. Selten erfuhr sie von ihm irgendwelche Zuneigung. Wenn sie dann sah, wie andere Männer ihre Frauen liebevoll behandelten, wurde sie von einem tiefen Sehnen ergriffen. Wiederholt sagte sie sich, daß sie gerne auf alles verzichten würde, wenn sie nur mit einem Mann verheiratet wäre, der ihre physischen und emotionalen Bedürfnisse befriedigen würde. Als sie dann einmal einen Mann kennenlernte, der so aussah und sich so verhielt, wie sie sich den Mann vorstellte, der sie glücklich machen könnte, da träumte sie den ganzen Tag davon, wie es wäre, mit ihm verheiratet zu sein. Der Gedanke an eine sexuelle Erfahrung mit einem solchen Mann stimulierte ihre Phantasie. Sie wußte zwar, daß sie *nie* etwas tun würde, was ihre Familie zerstören könnte; doch in ihrer Phantasie beschäftigte sie sich weiter mit diesen Gedanken. Sie beobachtete verschiedene Männer und stellte sich vor, wie es wäre, wenn sie von ihnen umarmt würde. Was konnte daran schon falsch sein? Schließlich *tat* sie ja nichts, was verwerflich war.

Eines Abends war sie mit ihrem Mann bei Freunden zum Essen eingeladen. Im Verlauf des Abends war der Gastgeber seiner Frau gegenüber sehr aufmerksam. Diese Frau jedoch schien sich aus ihrem Mann nichts zu machen. Die Frau, mit der ich das Gespräch führte, sagte mir: »Ich konnte nicht umhin zu denken, was für eine Verschwendung es doch war, daß ein so liebevoller Ehemann, seiner Frau, die sich überhaupt nichts daraus machte, so viel Aufmerksamkeit zuwandte.«

Von diesem Abend an wurde jener Ehemann zum Mittelpunkt ihrer Traumwelt. Nach monatelanger *rein gedanklicher* Beschäftigung mit diesem Mann hatte sie dann eine Gelegenheit, ihn einmal zu sprechen, und zwar allein. Sie sagte ihm, wie sehr sie sein liebevolles Verhalten seiner Frau gegenüber schätze. Darauf erwiderte er, wie sehr er sich nach einer Frau sehne, die ihn auch wirklich haben wolle. Im Laufe der Unterhaltung kamen sie dann zu dem Schluß, daß sie beide sich hätten heiraten sollen. Dies führte zu einer innigen Umarmung und schließlich dazu, daß sie sich häufig heimlich trafen.

Monatelang lebten sie in seelischer Qual. Sie konnten den Gedanken nicht ertragen, daß der Mensch, den sie liebten, mit einem anderen zusammenlebte. Sie verabscheuten zwar den

Gedanken an eine Scheidung mit all den häßlichen Begleiterscheinungen; doch der Mann drängte sie dazu, sich von ihrem Ehemann zu trennen. Sie kannte ihren Mann jedoch gut genug, um zu wissen, daß er ihr die Kinder *niemals* überlassen würde. Sollte er herausfinden, was ohne sein Wissen vor sich gegangen war, würde er jedes Mittel aufbieten, um das Sorgerecht für die Kinder zu erhalten. Sie wiederum war der Überzeugung, daß der Verlust ihrer Kinder bald die Liebe zerstören könnte, die sie für den anderen Mann empfand.

Es schien deshalb nur eine einzige Lösung für das Problem zu geben. Sie wollte ihrem Leben ein Ende setzen, und zwar auf eine Art und Weise, die den Selbstmord als Unfall erscheinen ließ. Damit wäre das ganze Chaos aus der Welt geschafft.

Schaute nun Gott vom Himmel und sagte zu dieser Frau:»Du lebst in einer ehebrecherischen Traumwelt; ich werde dich deshalb für deinen Ungehorsam bestrafen?« Nein. Ich glaube vielmehr, daß Gott das Verlangen hatte, sie erkennen zu lassen, daß ihre Phantasiewelt sie in etwas hineinführte, was sie nicht mehr kontrollieren konnte. Ich glaube, daß der Heilige Geist sehr oft ihre Aufmerksamkeit zu gewinnen versuchte; sie jedoch beharrte darauf, das zu tun, was *sie tun wollte*.

Ich wünschte mir, diese Geschichte hätte zu einem glücklichen Ende geführt; dem war jedoch nicht so. Ich tat alles, was ich konnte, hatte jedoch keinen Erfolg. Einige Monate später erfuhr ich von dem dortigen Pastor, daß diese Frau mit ihrem Wagen einen »tödlichen« Unfall gehabt hatte.

Gottes Gesetze sind uns nicht dazu gegeben, daß uns die Freude geraubt wird. Vielmehr dienen sie uns zum *Schutz*. Nur er kennt die Mächte, die gegen uns arbeiten. Es gibt eine reale Geistwelt, die sich zum Kampf gegen Gott verschworen hat. Gott hat es in seinem Wort ganz deutlich zum Ausdruck gebracht, daß diese bösen Mächte stark sind und daß sie hier auf dieser Erde viele Dinge manipulieren können. Er fordert uns wiederholt dazu auf, seinem Sohn ähnlicher zu werden, wenn wir von den schmerzlichen Dingen bewahrt bleiben möchten, die das Böse in uns bewirken kann.

Die Menschenschlange, die sich im vorderen Teil der Kirche gebildet hatte, bestand aus solchen, die offensichtlich das

Bedürfnis nach persönlichem Gebet hatten. Manche waren auf Krücken gekommen. Eine junge Frau saß im Rollstuhl. Eine ganze Anzahl litt offensichtlich an akuten Schmerzen.

Als ich die Predigt beendet hatte, lud ich die Menschen ein, die Gebet brauchten, nach vorne zu kommen. Etwa fünfzig kamen. Unter ihnen war auch ein junger Mann, von dem man eigentlich nicht gedacht hätte, daß er zum Gebet nach vorne kommen würde. Er war gut 1,80 m groß, breitschultrig, auffallend gut aussehend und strotzte scheinbar vor Gesundheit. Ich fragte mich, was für ein physisches Problem er wohl haben mochte.

Während ich der Reihe nach mit den einzelnen betete, bemerkte ich, daß sich dieser junge Mann mehr im Hintergrund aufhielt. Er blieb auch hinten, bis ich mit allen in der Schlange Stehenden gebetet hatte. Dann erst fragte er mich, ob er mich allein sprechen könne. Ich ging mit ihm in eine stille Ecke der Kirche und fragte ihn, während wir uns setzten: »Was für ein Problem haben Sie?«

Voll innerer Bewegung erzählte mir der junge Mann dann, daß er sein ganzes Leben lang hatte Arzt werden wollen. Am Gymnasium hatte er alle entsprechenden Kurse belegt, die ihn diesem Ziel näherbrachten. Er stand jetzt bereits am Beginn seines Medizinstudiums und war einer der besten der Studierenden. Alles sah danach aus, daß sein Traum in Erfüllung ging.

Doch einige Wochen zuvor hatte er an seinem Körper Symptome entdeckt, die ihm Sorge bereiteten. Untersuchungen und Tests bestätigten seine Furcht: er litt an einer unheilbaren Geschlechtskrankheit! Er hatte noch nicht endgültig klären können, ob er weiterhin zum Studium zugelassen werden würde; die Ärzte, die ihn untersucht haben, bezweifelten dies. Zu diesem Zeitpunkt hatte er das Problem, daß er sich auf sein Studium nicht mehr konzentrieren konnte. Er war sich darüber im klaren, daß seine Noten deshalb sanken, weil er innerlich völlig aufgewühlt war.

Während er sein Herz ausschüttete, sah ich das Bild eines idealen jungen Mannes. Sein ganzes Leben lang war er in die Kirche gegangen und hatte vor dem Besuch des Gymnasiums Christus als seinen Heiland angenommen. Nie hatte er dem Nikotin, dem Alkohol oder den Drogen gefrönt, war aktiver

Sportler gewesen und hatte sich nie in irgendwelche Schwierigkeiten eingelassen. Doch jetzt...

Nur ein einziges Mal in seinem Leben hatte er eine Beziehung zu einer jungen Frau gehabt. Sie besuchte dieselbe Kirche, und er hatte gemeint, er liebe sie. Entweder hat sie nicht gewußt, daß sie geschlechtskrank war, oder sie hatte es ihm nicht gesagt. Er hatte zwar versucht, ihr zu vergeben, hegte aber offensichtlich noch eine starke Bitterkeit.

Wir beteten, und ich gab mir alle Mühe, um ihm zu helfen, daß er die Last seiner Krankheit dem Herrn übergeben konnte. Sein Glaube schien recht schwach; deshalb gab ich mir alle Mühe, um für ihn zu glauben. Bevor wir auseinandergingen, fragte ich ihn noch, was die Ursache seiner derzeitigen Situation denn sei. Seine Antwort ließ klar erkennen, daß seiner Meinung nach die Ursache in seinem Versagen lag, die Gesetze Gottes zu halten. Er sagte, er hätte zu dieser jungen Frau niemals sexuelle Beziehungen haben dürfen.

Ich wollte das Leiden dieses jungen Mannes nicht noch vergrößern. Doch ich bat ihn, mir wenigstens zu sagen, wie es vor seiner Erfahrung mit diesem Mädchen mit seiner Gedankenwelt ausgesehen habe. Er gab zu, daß er viele Jahre lang mit vielen attraktiven Mädchen hatte Sex haben *wollen*; er hatte sich jedoch enthalten, weil er glaubte, daß dies nicht gut sei. Von seinem Standpunkt aus war das Verlangen, mit dem er gelebt hatte, nur »natürlich«.

Es war nicht Gottes Plan für diesen jungen Mann, daß sein Wunschtraum zerstört wurde. Doch wenn der Mensch dem natürlichen Verlangen des »Fleisches« nachgibt, sind Not und Kummer in der Regel unausbleiblich. Diese mögen nicht immer so auf der Hand liegen wie in diesem Fall; doch der Satan versteht es immer, dafür zu sorgen, daß die Situation für seine Zwecke geeignet ist. Er möchte nicht, daß *jeder* Mensch sich mit einer unheilbaren Geschlechtskrankheit ansteckt, denn dann wären fast alle Menschen viel vorsichtiger. Er sieht es viel lieber so, wie es jetzt ist, denn dann können die Leute immer glauben: »Mir würde das nie passieren!«

Man ist nie *sicher*, wenn man sich in den Herrschaftsbereich des Satans begibt. Er geht umher und sucht, welchen er verschlinge. Er sucht sich *seine* Zeit aus, um *seine* Absichten zu erreichen. Wir wissen nie, was er tun wird. So mancher Mann hat mir gesagt, daß er fünfundzwanzig Jahre lang mit unsittlichen Gedanken und Wünschen gelebt hat, bevor es dann zu sexuellen Ausschreitungen kam. Die Zeit spielt bei Satan keine Rolle. Wenn du glaubst, daß er eine Realität ist und daß er Geistesmacht hat, dann wirst du großen Nutzen daraus ziehen, wenn du seinem Herrschaftsbereich fernbleibst! Auch er hat einen Plan für dich, und dieser wird aller Wahrscheinlichkeit nach in Erfüllung gehen, wenn du irgendeinen Bereich deines Lebens unter seine Kontrolle stellst. Besonderes Interesse hat er daran, was sich in deinen *Gedanken* abspielt. In Epheser 6,12 heißt es: »Wir haben nicht gegen Menschen aus Fleisch und Blut zu kämpfen, sondern gegen die Fürsten und Gewalten, gegen die Beherrscher dieser finsteren Welt, gegen die bösen Geister des himmlischen Bereichs.«

Während meiner zwanzigjährigen Tätigkeit bei der Armee hatte ich stets das Vorrecht, unter hervorragenden Kommandeuren dienen zu dürfen. Jeden einzelnen stufte ich als einen »guten Menschen« ein. Sie gaben ihr Bestes und hatten das aufrichtige Verlangen, den Männern zu helfen, die unter ihrer Führung dienten.

Zu einer ganzen Anzahl meiner Kommandeure pflegte ich eine enge Freundschaft; besonders einer ist mir als lieber Freund in Erinnerung geblieben. Er war Christ, aktiv in allen unseren geistlichen Programmen, zu jedermann freundlich und hochintelligent. Er hatte auch einen außergewöhnlichen Ehrgeiz; und eines seiner Ziele bestand darin, ein Vier-Sterne-General zu werden. Er besaß alle Fähigkeiten, um dieses Ziel zu erreichen.

Ich nehme an, daß eigentlich fast jeder Offizier eines niederen Ranges das Bestreben hat, einmal hoher Offizier zu werden; doch dieser Mann hatte einen überdurchschnittlichen Erfolgsdrang.

Wenn ich mich im Büro meines Kommandeurs aufhielt, kam gelegentlich seine Sekretärin herein. Sie war – milde gesprochen – eine bildhübsche junge Dame. Wenn sie dann wieder hinausgegangen war, sagte mein Chef gewöhnlich etwa folgendes zu mir: »Ich muß wegsehen, sonst komme ich in Versuchung.« Mir war klar, daß dieses Mädchen eine *starke* Anziehungskraft auf ihn ausübte; mir war aber ebenfalls klar, daß er keinerlei Absicht hatte, irgend etwas Unerlaubtes zu tun.

Bei unseren Stabstreffen sagten andere Offiziere manchmal aus Scherz:»Oberst, wie gelingt es Ihnen nur, *diese Sekretärin, die Sie haben, in Ruhe zu lassen?*«

Er lachte dann gewöhnlich und erwiderte:»Diese Dame ist verheiratet, und ich bin es auch. Ich würde mir im Leben nie trauen, ihr auch nur einen Schritt zu nahe zu kommen.«

Einmal erzählte er mir, daß er mehrere Offiziere gekannt habe, die aufgrund unerlaubter Beziehungen zu Frauen ihre ganze Karriere ruiniert hätten. Er sagte mir, daß er in keiner Weise beabsichtige, es ihnen gleichzutun. Und ich *weiß*, daß er dies auch so meinte.

Aber – und dieses eine Wort kann der Auftakt zu so manchem tragischen Geschehen sein – mein Freund der Kommandeur schaute diese schöne Sekretärin einmal zu oft an. Das in seinem Inneren verborgene Verlangen wurde ihm letzten Endes zum Verhängnis, und er griff nach der verbotenen Frucht. Er sah gut aus, war kräftig gebaut und erfolgreich; und offensichtlich wirkte auch er anziehend auf die junge Dame. Er war nicht in der Lage, mir genau zu sagen, was passiert war; doch er bat mich – das Gesicht mit den Händen bedeckt – für ihn zu beten, damit er wisse, wie er aus dem »Schlamassel« herauskommen könne, in den er sich habe hineinziehen lassen.

Mein Freund schied aus dem Armeedienst aus; sein Traum von der Generalskarriere war zerstört. Auch das Leben der jungen Frau hatte schweren Schaden gelitten. Die Armee verlor eine überdurchschnittlich begabte Führungskraft. Und auch ich selbst empfand, daß ich als der, der für sein geistliches Wohl verantwortlich war, versagt hatte.

Dieses Erlebnis hat mich bewogen, einmal tiefer in der Heiligen Schrift zu graben. Mich erfüllte ein heiliger Zorn gegenüber den Mächten, die gute Männer und Frauen zu Fall bringen; und ich wollte Mittel und Wege finden, um diese Mächte bekämpfen zu können. Es mußte eine Möglichkeit geben, um diesen Aktivitäten der »Fünften Kolonne« im Herzen und Leben der Kinder Gottes eine Niederlage beizubringen. Ich war entschlossen, das Mittel zu finden, mit dem man die Versuchung zum Ehebruch überwinden konnte. Meine Suche nahm viele Jahre in Anspruch.

Einen Großteil meiner Zeit als Armeegeistlicher und Pastor verwandte ich darauf, mir selbst und anderen in der Bekämpfung der Versuchung zu helfen, die der Satan uns in den Weg wirft. Er hat gelernt, was am besten wirkt; deshalb bleibt er bei der gleichen Taktik. Ich dachte mir, daß es eine Hilfe bedeuten würde, wenn ich meine Gemeinde immer wieder an die Gefahren erinnerte, mit denen sie konfrontiert wurde. Ich ermutigte die Männer dazu, die richtigen Plätze aufzusuchen, die richtige Lektüre zu lesen, Umgang mit den richtigen Leuten zu pflegen, viel zu beten etc. Den Kern des Problems traf ich damit jedoch nicht!

Mein Freund, der Oberst, hatte in seinem Herzen das Verlangen nach jener schönen Sekretärin. Der Satan brauchte nur Zeit, um dieses Verlangen an die Oberfläche zu bringen. Es tut mir weh, wenn ich heute erkenne, wie ich meinem Freund hätte helfen können, wenn ich nur schon damals gewußt hätte, was ich heute weiß. Es tut mir in der Seele weh, wenn ich an die Tausende von jungen Männern denke, die ich vielleicht hätte davor bewahren können, in hoffnungslose Situationen hineinzuschlittern. Als geistliche Führungskraft hatte ich versagt, die ganze Wahrheit – den gesamten Willen Gottes – darzulegen, weil ich gar nicht wußte, was dieser war.

Heute weiß ich, daß wir moralisch reine Wünsche haben müssen. Wir müssen das unheilige innere Verlangen aufgeben, das zu unserer Zerstörung ausgenutzt werden kann. Und mit Gottes Hilfe möchte ich meine gesamten Fähigkeiten einsetzen, um Männer und Frauen darin zu unterweisen, was wir *tun können*.

Ich bete darum, daß du die in diesem Buch niedergeschriebenen Erkenntnisse auch anderen mitteilst. Besonders bitte ich dich darum, diese deinen Kindern mitzuteilen. Unterweise sie mit Geduld und Gebet in dem, was die Bibel über die *Gedanken* und die *Phantasie* zu sagen hat, anstatt dir wegen der unmoralischen Einflüsse, denen sie ausgesetzt sind, Sorgen zu machen. Halte sie dazu an, in ihrem Herzen das richtige *Verlangen* zu haben. Es ist zu schaffen!

Setze alles daran, um die Kinder in deiner Sonntagsschule und in deiner Gemeinde dahingehend zu belehren, daß sie nach reinen Gedanken trachten. Die traditionelle Methode, die jungen Leute darin zu unterweisen, wie man böse Dinge meidet, hat ihre guten Vorzüge; aber sie vermittelt nicht die Kraft, die sie benötigen, um sich mit unserer heutigen Welt auseinanderzusetzen.

Was ist das Nächste, nachdem wir Christus als unseren Heiland angenommen haben? Lange Zeit wurde ich gelehrt – und glaubte dies auch –, daß wir ein momentanes, verwandelndes Erlebnis empfangen können, durch das wir von jeglicher Sünde befreit werden. Dies hörte sich zwar herrlich an; doch mußte ich die schmerzliche Beobachtung machen, daß viele, die diese Erfahrung lehrten und glaubten, selbst auch noch genau so empfänglich für die Sünde waren wie andere Christen.

Heute sehe ich in der Bibel Gottes Aufruf an jeden Christen, sich nach einer vermehrten Ähnlichkeit Jesu auszustrecken – einen Aufruf zum Streben nach mehr Heiligkeit, so wie er selbst heilig ist. Mir ist klar, daß manche Menschen bereits bei dem Wort »heilig« erschrecken, als handelte es sich um einen Begriff, der zu sakral wäre, um überhaupt auf den Menschen angewandt zu werden. Doch Gott selbst fordert von uns, daß wir heilig sind; wir wollen deshalb diesem Wort direkt ins Auge schauen und es in uns wirken lassen.

Gott legt uns dieses göttliche Wachstum nicht als etwas extrem Schwieriges vor. Gott tut das nicht – nur der *Satan*! Er überzeugt die Christen davon, daß Heiligkeit in irgendeiner Form so weit über ihr Vermögen hinausgeht, daß sie sich erst gar nicht damit zu befassen brauchen. Er ist ein schlauer Taktiker und macht sich unsere natürlichen Schwächen zunutze. Wie können wir schließlich hoffen, es jemals zu schaffen, wenn doch so viel in uns ist, was der Erneuerung bedarf?

Wenn wir erst einmal diese Philosophie Satans akzeptieren, dann geben wir uns schnell damit zufrieden, daß wir uns eben gehen und mit dem Strom treiben lassen müssen. Wenn du dich bisher hast »treiben« lassen, dann solltest du einmal darauf achten, daß die Bibel Gottes Willen für jeden Christen klar und deutlich zum Ausdruck bringt. Er fordert von uns, daß wir danach »ringen«, in seinen Willen hineinzugelangen. Jesus hat uns in Lukas 13,24 gelehrt: »Ringet danach, daß ihr durch die enge Pforte eingehet; denn viele werden, das sage ich euch, danach trachten, wie sie hineinkommen, und werden's nicht können« (Revidierte Lutherbibel).

Das Ringen im biblischen Sinne ist nichts Mühevolles, wenn wir einmal unsere Entscheidung getroffen haben. Die Entscheidung zu treffen ist das, was uns *schreckliche* Mühe bereiten kann. Man könnte dies etwa mit einem Wettlauf vergleichen. Wer möchte sich schon gerne den Strapazen der Vorbereitung auf einen Wettlauf unterziehen? Haben wir uns jedoch einmal für das Training entschieden und arbeiten mit allen Kräften darauf hin, den Lauf zu gewinnen, dann kann das Rennen zur echten Freude werden. Der Nichtläufer mag denken: »Uuuh. Warum sollte ich mich auch so anstrengen und meine ganze Energie in einen Wettlauf investieren?«

Wenn dir das Streben nach der Ähnlichkeit Jesu wie eine enorme Belastung erscheint, dann laß mich dir versichern, daß es alles andere als das ist! Es ist vielmehr das Herrlichste, was du jemals tun kannst!

Jesus ist in die Welt gekommen, damit wir mit seiner Hilfe das werden können, was Gott aus uns machen möchte. Wir haben das Vorrecht, die Ehre und die Freude, daß wir die Hilfe seines Geistes in Anspruch nehmen können!

Jesus hat kein Interesse daran, uns zu verdammen! Er möchte uns nur in die Gemeinschaft mit Gott bringen. Hast du dich auch schon verdammt oder wertlos gefühlt, dann wisse, daß es mit Sicherheit nicht Jesus war, der dir diese Gefühle vermittelt hat. Wie die Fans einer Fußballmannschaft, so feuert Jesus auch uns zum Gewinnen an. Er sagt: »Ich bin gekommen, damit sie das Leben haben und es in Fülle haben« (Johannes 10,10). Damit ist über die Vollkommenheit als Christ eigentlich schon alles gesagt. Sie besteht nicht darin, daß wir Dinge aufgeben, die uns Freude bereiten, um dann herumzusitzen und heilig auszusehen. Sie besteht vielmehr darin, daß wir in das freudige Erlebnis der Gemeinschaft mit Gott hineintreten! Sie besteht darin, daß wir lernen, welchen Plan Gott für die Menschheit hatte, als er uns erschuf.

Bitte verstehe dieses Buch nicht als eine Bemühung meinerseits, dir all das aufzudecken, was bei dir nicht stimmt. Du weißt wahrscheinlich bereits selbst, was nicht stimmt. Ich möchte dir nur weitersagen, wie du von unreinen Gedanken befreit werden und in dieses Leben der Fülle, von dem Jesus sprach, eintreten kannst. Als er mit seinem Vater redete, sagte er in Johannes 17,13: »Ich sage diese Dinge, solange ich noch in

der Welt bin, damit meine Freude in ihnen völlig und vollständig und perfekt werde – damit sie es erleben, daß sich mein
Glück in ihnen erfüllt, damit mein Vergnügen in ihrer Seele
vollkommen werde, damit ihre Herzen von meiner Fröhlich-
keit erfüllt werden« (wörtlich zitiert nach der Amplified Bible).
Dieses Buch und dieser Bibelkommentar sind etwas völlig
anderes, als was du je zuvor gelesen hast. Man könnte tausend
Predigten anhören und tausend christliche Bücher lesen und
doch kein einziges Wort von dem hören, was das zentrale
Thema dieses Buches ist.

Während du über das Gelesene nachdenkst, magst du dich
vielleicht fragen, weshalb du noch nie zuvor diese Botschaft
gehört hast. Wenn dieses Thema so wichtig ist, wie ich es in
meinen Kommentaren zum Ausdruck bringe, warum wird es
dann nicht von jeder Kanzel der Welt klar und deutlich
verkündigt?

Wenn man die Geschichte der Juden und der Christen verfolgt,
dann stellt man fest, daß wir wiederholt Themen ignoriert
haben, die für Gott von großem Interesse sind.

Die Juden waren vierhundert Jahre lang als Sklaven gehalten
worden. Ganz sicher hatten sie das Verlangen, das Land in
Besitz zu nehmen, das Gott ihnen verheißen hatte. Als sie dann
aus der Gefangenschaft in Ägypten kamen und auf dem Weg
ins Verheißene Land waren, ignorierten sie vierzig Jahre lang
Gottes Willen. Er wollte, daß sie ihm vertrauten, und nicht,
daß sie klagten und jammerten. Doch sie mißachteten seine
Anweisungen und klagten bei jeder Gelegenheit.

Was geschah? Tat sich etwa die Erde auf und verschlang sie?
Nein, sie marschierten mühsam weiter, Jahr um Jahr. Gott
zwang sie nicht, das Klagen einzustellen; aber andererseits war
er ihnen auch nicht behilflich, in das Verheißene Land zu
kommen.

Man schätzt, daß zwischen einer und drei Millionen Menschen
Ägypten verließen, um ins Verheißene Land zu ziehen. Von
den Erwachsenen, die die Reise antraten, waren es nur zwei –
Josua und Kaleb –, die in das von Gott zugesagte Land hinein
durften. Wie tragisch! Doch ist dies eine eindeutige Lektion für
dich und für mich. Die große Masse *kann* Gottes Willen
verpassen. Halte dir dies beim Lesen dieses Buches stets vor
Augen. Wenn du bisher mit der großen Masse mitmarschiert

bist, dann bitte ich dich dringend, einmal die Heilige Schrift und die Kommentare zu lesen; du wirst dann merken, daß Gott viel zu sagen hat über ein Thema, das bisher mindestens vierzig Jahre lang ignoriert worden ist. Der Geist spricht: »Höre genau auf das, was Gott zu sagen hat!«

Du und ich, wir wollen in das »Land der Ruhe« eingehen, das uns im Neuen Testament so deutlich verheißen ist. Auch heute scheinen wenige hineinzugehen. Warum? Ich glaube, daß dieses Buch eine Antwort auf diese Frage hat.

2. Die unglaubliche Kraft der Phantasie

Dein Sinn gleicht in etwa einem Computer. Jeder Gedanke, der durchfließt, und jedes Bild, das du dir vorstellst, wird unauslöschlich in deine Gehirnzellen eingraviert.

Rufe dir einmal einige deiner Gedanken und vorgestellten Bilder ins Gedächtnis zurück. Stelle sie dir dann auf einer Filmleinwand vor. Würdest du gerne einwilligen, daß dieser Film vor jeder Bibelklasse unseres Landes gezeigt wird? Nein? Warum denn nicht?

Gott hat uns zur Heiligkeit in allen unseren Gedanken berufen. Dies muß unser Ziel sein, selbst wenn wir uns zu sehr als Menschen fühlen, um auf diesem Weg überhaupt einen Anfang zu machen. Vielleicht erscheint es uns unmöglich, dieses Ziel zu erreichen; doch alles, was unter diesem Ziel liegt, ist nicht das, was er uns geboten hat. Nur wenige Christen scheinen zu wissen, was Gott uns in seinem geschriebenen Wort bezüglich heiliger Gedanken gesagt hat.

Phantasie! Was ist sie?

Nach Brockhaus ist Phantasie »*Vorstellung, Vorstellungsvermögen, Einbildungskraft; die Fähigkeit des menschlichen Geistes, Vorstellungsbilder hervorzubringen, zu bewahren und zu reproduzieren, frei zu schaffen und zu kombinieren.*«

Darf ich einmal etwas herausstellen, was du selbst wahrscheinlich noch nie erkannt hast? Nichts Schlechtes, sondern etwas Gutes! Es ist etwas an dir, was *so* gut ist, daß Gott es als einen deiner wertvollsten Schätze einstuft. Es ist in der Tat etwas so Gutes, daß ein Mißbrauch desselben in dir das Verlangen weckt, einige wesentliche Veränderungen in deinem Leben vorzunehmen. Dieses Wertvolle ist die Kraft deiner *Phantasie*.

Ist dir schon einmal diese *unglaubliche* Kraft deiner Phantasie bewußt geworden? Denke einmal an einen wunderschönen

See, auf dessen Wasseroberfläche sich die Sonne und die Bäume und die Blumen am Ufer widerspiegeln. Kannst du ihn sehen? Stelle dir einen Garten vor, der voller Blumen in allen Farben des Regenbogens ist. Kannst du ihn in deiner Phantasie sehen? Oder denke an einen riesigen Baum, der hoch in den Himmel hinaufragt, an einen Wolkenkratzer, dessen Ende in Wolken gehüllt ist. Erzeuge in deinen Gedanken nun das Bild einer schönen Frau oder eines gutaussehenden Mannes. Gelingt dir das?

Vielleicht hast du noch nie selbst ein Bild gemalt, einen schönen Garten angepflanzt oder ein Haus gebaut; trotzdem hast du die Fähigkeit, dir in Gedanken davon ein Bild zu machen. Hast du schon einmal über diese Fähigkeit nachgedacht? Oder darüber, warum du sie hast? Ist dir schon einmal der Gedanke gekommen, daß diese Fähigkeit Gottes besondere Gabe an dich ist – an dich, der du nach seinem eigenen Bilde geschaffen bist? Er hat dich einzigartig geschaffen: als einen Juwel inmitten der ganzen übrigen Schöpfung.

Vielleicht hast du dich selbst noch nie als etwas sehr Wertvolles gesehen; dann denke nur einmal an diese eine Gabe: die Fähigkeit, deine Phantasie betätigen zu können! Laß deinen Gedanken doch einmal einige Minuten lang freien Lauf und sieh, was du in deiner Phantasie alles entstehen lassen kannst... Sieh, wie endlos deine Vorstellungskraft ist! Die Fähigkeit, die in deinen Gedanken liegt, ist einfach überwältigend. Vielleicht erkennst du in diesem Augenblick zum erstenmal in deinem Leben, wie unglaublich die Gabe der Phantasie ist.

Gott bewertet diese unsere Vorstellungskraft *weit höher,* als irgendein Mensch dies tut. Er weiß, warum er in uns diese Kraft geschaffen hat und wir zu deren Betätigung befähigt sind. Unsere kreative Fähigkeit ist ein Merkmal *seines Bildes* in uns. Jesus demonstrierte die Macht, die Gott ursprünglich für uns beabsichtigt hatte. Er sah in Gedanken das Meer und einen Fisch, der eine *goldene* Münze im Maul hatte. Als Petrus den Fisch fing, fand er tatsächlich das Gold vor. Jesus hatte es geschaffen. Jesus sah in Gedanken Krüge voll Wassers, das zu Wein wurde; und das Wasser wurde tatsächlich zu Wein. Er sah in Gedanken, wie das Brot vermehrt wurde; und es wurde tatsächlich vermehrt. Er sagte, daß er, der Sohn, nichts von sich selber tut, sondern nur, was er *sieht* den Vater tun (Johannes 5,19).

Im Verlauf der gesamten Menschheitsgeschichte haben Männer und Frauen, die von übernatürlichen Gebetserhörungen berichten, immer wieder gesagt: »Ich habe es zuerst gesehen, bevor es geschehen ist.« Was meinten sie wohl mit dem »Sehen«? Kathryn Kuhlman sagte häufig ungefähr folgendes: »Ich sehe eine Person mit Magenkrebs. Sie wird jetzt davon geheilt.«

Wie hat sie dies »gesehen«?

In der Tat »sehen« wir ständig Dinge. Denke einmal an die Farbe »Weiß«, und was siehst du? Denke an Schwarz, Rot und an einen Sonnenuntergang. Während du denkst, »siehst« du auch. Aber nur dann, wenn sich unsere Kraft zu »sehen« mit Gottes Schöpferkraft vereinigt, sehen wir Wunder. Und diese geschehen deshalb, weil sie das sind, was Gott ursprünglich geplant hat.

Unsere Vorstellungskraft erhielt einen vernichtenden Schlag, als der Mensch gegen seinen Schöpfer sündigte. In den Augen Gottes ist unsere Phantasie aber *trotzdem noch* eine heilige Gabe. Er kennt ihre Kraft, selbst wenn wir sie nicht kennen. Die Bibel enthält viele Stellen, die sich damit befassen, wie Gott über unsere Phantasie denkt. Ich habe gelernt, daß er uns zum Freiwerden von jedem Gedanken, der seelischen Schmerz oder Furcht zur Folge hat, verhelfen möchte! Diese Möglichkeit ist für *jeden* Leser dieses Buches leicht erreichbar. Es handelt sich dabei nicht um eine mystische Übung, die zur Erreichung des Zieles Jahre in Anspruch nimmt. Es ist vielmehr eine einfache Gabe des Heiligen Geistes an *jeden* Christen, der sie in Empfang nehmen möchte. Du brauchst dazu kein geistlicher Riese und auch kein hervorragender Bibelkenner zu sein. Alles, was hierfür erforderlich ist, ist das aufrichtige Verlangen, Gott zu gefallen.

Wenn du jede von mir angeführte Schriftstelle und jede Anmerkung gründlich prüfst, wirst du die Feststellung machen, daß jeder Teil deines Lebens – der geistige, der emotionale und der physische – gestärkt wird. Ungeachtet deiner jetzigen Stärke oder Schwäche hältst du in deinen Händen ein Werkzeug, das dich befähigt, gigantische Schritte nach vorne zu tun. Ich kann gar nicht oft genug betonen, wie wichtig es ist, daß wir unsere Phantasie unter die Leitung des Heiligen Geistes stellen. Hier in den Vereinigten Staaten gibt es eine antichristliche Bewegung, die in den Mittelpunkt ihrer Lehre die Phantasie des Menschen stellt. Ihre Anhänger werden in der Kunst der Manipulation der Phantasie unterwiesen, die so weit geht, daß man schließlich jedes Gefühl unter Kontrolle hat. Der Lernende bestimmt, welche Person er sein möchte, und bringt dann in seiner Phantasie Bilder hervor, in denen er diese Person sieht. Diese Organisation betont besonders die Notwendigkeit, daß man sich von allen Sittengesetzen, von jeglicher religiösen Erziehung und von allen sozialen Einschränkungen befreit. In ihrem Kodex ist zu lesen: »Vergessen Sie Gott, Menschen, Familie, Freunde. Seien Sie sich selbst. Empfangen Sie das, was sie haben möchten. Lernen Sie es, sich jeglichem äußeren Einfluß zu verschließen.«

Ihre Anhänger verfallen auf diese Weise einem total egoistischen Lebensstil. Aufgrund ihrer Schulung verschließen sie sich jeglichen Argumenten oder Einwänden von seiten der Freunde oder der Familie.

Als mir aufging, daß die Phantasie des Menschen in Gottes Augen etwas ungeheuer Wichtiges ist, begann ich damit, in der Schrift nach einer Bestätigung durch das geschriebene Wort zu suchen. Ich fand darin weit mehr Hinweise, als ich erwartet hatte. Nachfolgend führe ich einige der vielen Schriftstellen auf:

I. 1. Mose 6,5: »Der Herr sah, wie weit es mit den Menschen gekommen war: Sie kümmerten sich nicht um das, was recht ist; ihr *denken* (englische Bibel: *Phantasie*) und Handeln war durch und durch böse« (Gute Nachricht). Welche Konsequenzen zog Gott daraus? Er vernichtete die Menschheit durch die Sintflut. Die *verseuchte Phantasie* des Menschen war die Ursache, daß die gesamte Erdoberfläche eine Veränderung erfuhr!

II. Als die Sintflut zu Ende ging und Noah seine Familie wieder auf trockenem Land ansiedeln konnte, baute er einen Altar und brachte Opfer dar. Gott hatte Wohlgefallen daran; aber es glich dann fast einem Seufzer, als er in 1. Mose 8,21 im Blick auf die Menschen sagte: »...Ihr *Denken* (englische Bibel: *Phantasie*) und Tun ist nun einmal böse von Jugend auf« (Gute Nachricht).

III. Das nächste tragische Ereignis, das die Menschheit ereilte, war die Verwirrung der gesprochenen Sprache.

Die Menschen bauten den Turm von Babel, und Gott sprach in 1. Mose 11,6: ». . .Sie werden alles ausführen, was ihnen in den *Sinn* (englische Bibel: *Phantasie*) kommt« (Gute Nachricht).

Da sprach Gott in 1. Mose 11,7: »Ans Werk! Wir steigen hinab und verwirren ihre Sprache, damit keiner mehr den andern versteht!« (Gute Nachricht).

Die Einheit der Weltwissenschaft war plötzlich gespalten. Auch heute, nach Tausenden von Jahren, ist es immer noch äußerst schwierig, Gedanken und Gefühle in einer fremden Sprache zum Ausdruck zu bringen.

Als Gott in derart drastischer Weise eingriff, sagte er mit anderen Worten, daß die Phantasie des Menschen die Fähigkeit hatte, Dinge zu planen und auszuführen, die ihm *nicht mehr* erlaubt waren.

Am Anfang waren dem Denken und Handeln des Menschen keine Grenzen gesetzt. Alles, was er sich ausdenken konnte, durfte er auch tun. Später mußte Gott in 5. Mose 31,21 jedoch sagen: »Wenn dann schwere Schicksalsschläge sie treffen, wird ihnen dieses Lied sagen, warum das geschieht . . . Denn ich weiß wohl, wonach ihnen der *Sinn* (englische Bibel: *Phantasie*) steht« (Gute Nachricht).

Unsere Fähigkeit und Kraft, uns in Gedanken Dinge vorzustellen, ist zwar eine heilige Gabe, aber wir haben lange Zeit Mißbrauch damit getrieben.

IV. Im Verlaufe der Menschheitsgeschichte verhärtete sich die Haltung Gottes gegenüber dem Mißbrauch der menschlichen Phantasie, bis er schließlich in Sprüche 6,16 sagte: »Sechs Dinge verabscheut der Herr, und auch das siebte kann er nicht ausstehen.«

Zu diesen sieben Dingen gehört auch 6,18: »Ein Kopf, der böse *Pläne* (englische Bibel: *Gedankliche Vorstellungen*) ausheckt« (Gute Nachricht).

V. Häufig sprach Gott auch durch die Propheten und brachte durch sie zum Ausdruck, wie sehr er den Mißbrauch der Phantasie haßt. In Jeremia 23,16 sagte Gott über die falschen Propheten: ». . .Was sie euch versprechen, stammt nicht von mir, sondern aus ihrer eigenen *Phantasie*« (Gute Nachricht).

Die zarte Stimme unseres Gewissens sagt vielleicht: »Du sollst deine Phantasie nicht dazu gebrauchen, dir Dinge vorzustellen, die Gott verboten hat.« Doch die böse Macht, die uns verseucht, sagt: »Aber du hast doch Gefallen daran! Was kann es schon schaden? Ganz gewiß kümmert sich Gott nicht um das, was du dir in Gedanken vorstellst. *So* ernst nimmt er es doch nicht.«

In Jeremia 23,24 stellt Gott die Frage: »Kann sich einer in Schlupfwinkeln verstecken, so daß ich ihn nicht sähe? ... Bin nicht ich es, der Himmel und Erde erfüllt?«

Der fleischliche Sinn behauptet immer: »Gott achtet doch nicht darauf, was du denkst. Und selbst wenn er es tut, hat er doch Verständnis dafür, daß du nur ein schwacher Mensch bist. Schließlich hat er dich doch so geschaffen, wie du bist, nicht wahr?« Dieser Irrglaube verleitet uns dazu, zu vergessen, daß Gott den Menschen nach seinem Bilde geschaffen hat. Durch seinen Sohn Jesus investierte Gott sich selbst in den Menschen und verkündete, daß der schwächste Christ größer ist als alle Engel. Sollte Gott »*nicht interessiert*« sein an dem, was wir denken oder uns in unserer Phantasie vorstellen? Dies ist der absurdeste Gedanke, den der Satan uns eingeben kann; und doch akzeptieren ihn die Christen laufend und füllen ihre Phantasie mit unkeuschen Gedanken.

Da wir eben nur Menschen sind, fragen wir natürlicherweise: »Warum *haßt* Gott denn eine böse Phantasie? Inwiefern schaden wir denn einem andern mit unseren geheimen Gedanken?« Unsere Fähigkeit, in unseren Gedanken Bilder hervorzubringen, geht zurück auf die Erschaffung des Menschen am Anfang; denn Gott sprach: »Lasset uns Menschen machen, ein *Bild*, das uns gleich sei« (revidierte Lutherbibel). Gott gebrauchte *seine Kraft*, um ein Bild zu schaffen, und wir waren das Resultat. Von jenem Zeitpunkt an war das Vermögen bildhaft anschaulichen Vorstellens für Gott von wesentlicher Bedeutung. Ein Teil dieser seiner Kraft wurde in uns hineingelegt.

Der Großteil wissenschaftlicher Errungenschaften bezieht die Phantasie des Menschen mit ein. Der Mensch »sieht« die Dinge, bevor er sie ausführt. Erfinder sagen uns immer wieder, daß sie in ihrer Phantasie eine Maschine »sehen«, lange bevor sie wissen, wie man diese baut. Erfinder sind auch schon mitten in der Nacht aufgewacht und haben Lösungen für Probleme niedergeschrieben, die sie im Traum »gesehen« haben. Der Mensch sieht Lösungen in Form von Bildern und arbeitet dann jahrelang daran, um seinen Visionen eine materielle Form zu geben. Der Mensch sieht in Gedanken ein Gebäude und macht sich dann daran, dieses Wirklichkeit werden zu lassen. Diese Fähigkeit, sich bekannte und unbekannte Dinge bildhaft vorzustellen, hat etwas Faszinierendes, Geheimnisvolles an sich. Für Gott ist diese Fähigkeit etwas Heiliges. Er möchte nicht, daß damit Mißbrauch getrieben wird. Und dies ist genau der Grund, weshalb böse Mächte unbedingt wollen, daß diese Fähigkeit mißbraucht wird. Unser Sinn ist das Schlachtfeld; unsere bildhaften Vorstellungen sind die Siegesbeute, die es zu gewinnen gilt.

Wenn wir unsere Phantasie dazu verwenden, uns irgend etwas vorzustellen, was böse Lust oder Unreinheit verkörpert, stehen wir im *direkten Widerspruch* zu Gottes Willen. Der Mensch verwendet seine Phantasie sehr gerne und häufig dazu, Bilder hervorzubringen, die Gott verboten hat. Wenn zum Beispiel ein Mann eine Frau sieht, die er attraktiv findet, kann er sie in Gedanken Stück um Stück entkleiden, bis sie vollständig unbekleidet ist. Er kann sich dann in seiner Phantasie vorstellen, wie es wäre, wenn er ihren Körper berühren würde. Er kann mit dieser geistigen Aktivität fortfahren so lange, bis er in Gedanken jedes nur mögliche sexuelle Erlebnis gemacht hat. Er hat dann aber Gottes besondere, heilige Gabe genommen und sie auf dem Altar böser Lust verzehrt.

Woher weiß ich, daß der Mensch diese Dinge tut? Zuerst möchte ich bemerken, daß ich lange Zeit selbst in dieser Weise Gottes Gabe entheiligt habe. Ich tat dies selbst dann noch, als ich bereits Christ geworden war.

Auch habe ich in der Seelsorge mit Hunderten von Männern über dieses Thema gesprochen, und sie haben mir ausnahmslos bekannt, daß sie fast ihr Leben lang diese Dinge getan haben. Auch verheiratete oder ledige Frauen sind dazu fähig, sich unreinen Gedanken hinzugeben; sie sind in der Regel jedoch dazu versucht, ihre Phantasie auf andere Weise zu gebrauchen. Sie sehen oder denken an einen bestimmten Mann und stellen sich in Gedanken das Leben mit ihm als ihrem Ehemann vor. Sie stellen sich vor, wie er alle ihre emotionalen und physischen Bedürfnisse befriedigt. »*Er* würde auf mich hören, *er* würde mit mir sprechen, *er* würde mich verstehen.« Sie begehren diesen Mann und nehmen ihn in Gedanken in Besitz, ob er mit einer anderen Frau verheiratet ist oder nicht. Einige Augenblicke lang gehört er ihnen, und wiederum wurde Gottes kostbare Gabe der Phantasie in direkter Mißachtung seines Willens gebraucht.

Jesus hat uns gelehrt, daß es Sünden gibt, die so attraktiv sind und derart zur Gewohnheit werden, daß wir sie nicht aufgeben, selbst wenn einer aus den Toten käme und uns warnen würde! Keine andere Sünde paßt in diese Kategorie so exakt hinein wie die der ausschweifenden Gedanken.

Einer Botschaft, die Gott bereits im ganzen Alten Testament hatte ausrufen lassen, fügte Jesus eine völlig neue Bedeutung hinzu. Er sagte in Matthäus 5,28: »Wer eine Frau auch nur lüstern ansieht, hat in seinem Herzen schon Ehebruch mit ihr begangen.«

Dies sind nicht die Worte eines überspannten Radikalen. Sie müssen viel mehr von jedem Christen ernsthaft bedacht werden; ich glaube jedoch, daß man sie beschönigt hat. Männer und Frauen sind der Ansicht, daß es unmöglich sei, sinnliche Begierde aus dem Herzen zu verbannen; Jesus müsse daher gemeint haben, daß *jeder Mensch* sinnliche Begierde habe, weshalb niemand am andern Fehler suchen solle. Fast mein ganzes Leben lang hatte ich diese Theorie akzeptiert, denn damit konnte ich auf ausgezeichnete Weise mit meinem eigenen moralischen Dilemma fertigwerden. Heute weiß ich jedoch, daß Jesus uns aufruft, den Ehebruch aus unserem Herzen auszurotten. Genau das sagt er, und genau das ist es, was er auch meint. Die ganze Bibel ruft uns zur Reinheit des Herzens und zur Reinheit der Gedanken auf.

3. Wo Gedanken entspringen

Der Satan versuchte nicht, Eva zum Ungehorsam gegenüber Gott zu *zwingen*. Er brachte sie ganz einfach nur dazu, einmal über Gottes Verbot *nachzudenken*. Er riet ihr, sich doch einmal über die Vorteile Gedanken zu machen.

Eva dachte darüber nach und schaute die verbotene Frucht mit neu gewecktem Interesse an. Die Frucht sah gut aus – doch sie hatte schon immer gut ausgesehen. Sie hatte sich nicht geändert. Nur Evas *Gedanken* hatten sich geändert. Die Taktik Satans führte damals zum Erfolg . . . und sie führt auch heute noch zum Erfolg!

Böse Mächte haben mit viel Geschick und Sorgfalt die Menschheit veranlaßt zu glauben, wir seien für unsere Gedanken nicht verantwortlich. Erzieher, kluge Menschen und Lehrer haben indirekt gelehrt, daß der Mensch nur dafür verantwortlich sei, was er mit den auf ihn eindringenden Gedanken mache. Wenige haben versucht zu erklären, wo diese Gedanken ihren Ursprung haben.

Ich weiß genau, weshalb die Menschen hartnäckig an der Idee festhalten, es sei nicht unser Fehler, wenn uns ehebrecherische Gedanken in den Sinn kommen. Der Grund liegt in dem intensiven physischen Genuß, den uns derartige Gedanken bereiten können. Wenn der Mensch nur diesen Augenblicksgedanken, diesen einen sinnlichen Moment genießen kann, ist er anschließend bereit, die Lehre Jesu zu akzeptieren und seine unsittlichen Gedanken auszuschalten. Die Menschen haben sich gegenseitig in dieser Theologie bestärkt, damit sie weiterhin diesen kurzen Ungehorsam gegenüber Gott genießen können.

Diese Lehre ist in vielen verschiedenen Verpackungen zu haben. »Man kann nichts für das, was man denkt.« »Nachdem dir der Gedanke gekommen ist, mußt du ihn zurückweisen.« »Gott wird dich nur dann zur Rechenschaft ziehen, wenn du bösen Gedanken Nahrung gibst.« »Er weiß, daß wir solche Gedanken nicht abhalten können; doch er verlangt, daß wir sie ausschalten, sobald wir dies können.« Mit allen diesen Bemühungen versuchen wir uns dafür zu entschuldigen, daß wir direkt und vorsätzlich Gott ungehorsam sind. Gedanken des Ehebruchs haben nirgendwo anders ihren Ursprung als im Herzen des Menschen. Wir können weder dem anderen Geschlecht, Bildern, Filmen noch unseren Umständen die Schuld dafür zuschieben.

Wenn ich in der Sünde unsittlichen Denkens schwelge, kann ich dann erwarten, daß Gott mir ein Zeichen dafür gibt, daß ich ihm mißfalle? Die Antwort auf diese Frage finden wir in Lukas, Kapitel 16, wo Jesus die Geschichte vom reichen Mann und armen Lazarus erzählt. Der reiche Mann starb und war in der Qual. Er sah Lazarus und Abraham in der himmlischen Herrlichkeit und flehte Abraham um Hilfe an. Aber Abraham mußte ihm sagen, daß die Kluft zwischen ihnen zum Überqueren zu groß war.

Der reiche Mann bat daraufhin Abraham flehentlich, seinen fünf Brüdern, die noch am Leben waren, eine Warnung zu schicken, damit sie nicht auch an diesen Ort kämen. Abrahams Antwort lesen wir in Lukas 16,31: »Wenn sie auf Mose und die Propheten nicht hören, werden sie sich auch nicht überzeugen lassen, wenn einer von den Toten aufersteht.«

Das Entscheidende hierbei ist dies: Die Propheten des Alten und des Neuen Testaments haben gesprochen. Sie haben uns von Gottes Verlangen berichtet, daß Herz, Sinn und Phantasie sittlich rein sein sollen. Wir können deshalb keine weiteren Botschaften oder Wunder erwarten. Gott hat gesprochen. Wir haben gehört.

Ist es auch schon verkehrt, wenn ein unsittlicher Gedanke sich nur eine kurze Sekunde lang frei in uns entfalten kann? In unserem leidenschaftlichen Bemühen der Selbstgerechtigkeit mögen wir zwar behaupten, der gefallene Mensch könne solche sekundenlangen Gedanken nicht verhindern. Aber sehen wir doch diese eine Sekunde einmal aus *Gottes* Perspektive. Wie lang ist bei ihm eine Sekunde? Die Bibel sagt, daß ein Zeitabschnitt bei ihm wie eintausend Zeitabschnitte sein kann! In diesem Verhältnis gemessen könnte ein unsittlicher Gedanke, der uns nur so lang wie eine Sekunde vorkommt, bei Gott über eine Stunde lang sein!

Die Zeit steht hier gar nicht zur Debatte. Gott fordert lautere, reine, heilige Gedanken; und unser Ziel muß sein, so zu werden, wie er uns haben will – egal, wie heftig unsere gefallene Natur Widerstand leistet. Und sei dessen versichert, sie *wird* Widerstand leisten! Wenn du viele Jahre lang die Gewohnheit gepflegt hast, blitzartig auftretende, unsittliche Gedanken nur sekundenlang zu genießen, dann wirst du dieses Vergnügen nicht ohne Mühe aufgeben.

Ich habe schon oft Aussprüche gehört wie diesen: »Ein Vogel kann zwar auf deinem Kopf landen, aber du brauchst ihn dort kein Nest bauen zu lassen.« Mit anderen Worten: Wenn uns ein Gedanke kommt, brauchen wir diesen nicht festzuhalten und ihm nachzugeben. Das ist wahr. Wir dürfen einen bösen Gedanken nicht Fuß fassen lassen. Je mehr wir uns damit beschäftigen, desto böser wird er und desto größer wird unsere Schuld.

Aber warum sollen wir den Gedanken überhaupt haben?

Jetzt kann ich die Rufe derer hören, die sagen: »Niemand kann die Gedanken kontrollieren, die uns blitzartig in den Sinn kommen. Man kann sich nur weigern, sich länger damit zu beschäftigen.«

Da noch wenig geschrieben worden ist über die längere Beschäftigung mit sinnlichen Gedanken, nachdem diese in uns aufgestiegen sind, täte ich vielleicht gut daran, einfach über den Aspekt der Gedankenwelt zu schreiben. Würde ich dies jedoch tun, wäre ich nicht treu dem gegenüber, was meiner Meinung nach der Heilige Geist mir eingibt. Auch würde ich nicht aufrichtig das berichten, was die Bibel lehrt.

Es folgen einige Schriftstellen, aus denen klar hervorgeht, daß Christen für jeden Gedanken, der ihnen in den Sinn kommt, verantwortlich sind – ganz gleich, wie lange dieser ist.

1. Psalm 139,23.24: »Erforsche mich, Gott, und erkenne mein Herz, prüfe mich, und erkenne mein *Denken*! Sieh her, ob ich auf dem Weg bin, der dich kränkt.« Aus diesem Vers kann man schließen, daß David in seinem Wandel mit Gott eine neue geistliche Ebene erreicht hatte. Einmal hatten ihn seine Gedanken in Ehebruch und dann in Mord hineingeführt. Jetzt bittet er Gott darum, ihm kundzutun, ob *irgendwelche* seiner Gedanken böse sind.

2. 1. Korinther 13,11: »Als ich ein Kind war, redete ich wie ein Kind, dachte wie ein Kind und urteilte wie ein Kind. Als ich ein Mann wurde, legte ich ab, was Kind an mir war.«

Paulus redet hier von der geistlichen Fortentwicklung. Und genau das ist auch der Inhalt des vorliegenden Buches. Die Idee, Christen hätten keinen Einfluß auf ihre Gedanken, müssen wir preisgeben. Wenn wir sie nämlich akzeptieren, werden wir nie Sieg haben in Christus. Mit dieser Lehre wird behauptet, daß man für einen Gedanken, den man nur eine Sekunde lang hat, keine Verantwortung trägt. Was geschieht aber in Wirklichkeit? Du weißt, was geschieht! Der Gedanke bleibt zwei Sekunden lang, dann drei. Jahr um Jahr verstärkt sich das Gedankenmuster. Es wird Zeit, daß wir lernen, wie man das Böse abhält, *bevor* es beginnt; nur dann ernten wir den reichen Lohn eines Sinnes, der durch die Kraft des Wortes Gottes gereinigt ist.

3. Mätthäus 9,4: »Jesus wußte, was sie *dachten*, und sagte: Warum habt ihr so böse *Gedanken* im Herzen?«

Die Schriftgelehrten hören, wie Jesus Menschen die Sünden vergibt, und ihnen kommt der Gedanke: Das ist Gotteslästerung. Sie klagen ihn nicht an, sie »denken« nur. Jesus fragt sie, warum sie Böses *denken*. Klar und eindeutig macht er sie für ihre Gedanken verantwortlich. Ich empfehle dir dringend, die Tatsache zu akzeptieren, daß Jesus eines Tages von dir und mir für *unsere* Gedanken – für jeden einzelnen – Rechenschaft fordert.

4. Römer 8,6: »Aber fleischlich *gesinnt* sein ist der Tod, und geistlich *gesinnt* sein ist Leben und Friede« (revidierte Lutherbibel). Es wäre töricht, wenn wir denken würden: Ich habe zwar fleischliche Gedanken, aber ich bin nicht »fleischlich«. Der Friede des Herzens kommt nur zu den Menschen, die lernen, »geistliche« Gedanken zu haben.

5. Philipper 2,5: »Ein jeglicher sei *gesinnt*, wie Jesus Christus auch war« (revidierte Lutherbibel).

Glaubst du, daß Jesu Gesinnung *vollkommen* rein war? Wir sind von Gott dazu berufen, die Gesinnung Christi zu haben. In Vers 12 des gleichen Kapitels ermahnt uns Paulus: »Müht euch mit Furcht und Zittern um euer Heil!« Vers 15: »Damit ihr rein und ohne Tadel seid, Kinder Gottes ohne Makel mitten in einer verdorbenen und verwirrten Generation.« Der moralische

Zerfall überflutet unser Land in einem Ausmaß, wie es fast unvorstellbar ist. Sinnliche Begierde und Unmoral werden als akzeptabel dargestellt. Wenn die Christen nicht an der Reinheit ihrer Gedankenwelt festhalten, werden auch sie in den Morast der Verführung hineingezogen.

Wir haben jedoch eine Quelle der inneren Kraft, wie dies in Josua 1,8 zum Ausdruck kommt: »Über dieses Gesetzbuch sollst du immer reden und Tag und Nacht darüber nachsinnen, damit du darauf achtest, genau so zu handeln, wie darin geschrieben steht. Dann wirst du auf deinem Weg Glück und Erfolg haben.« (Möchten wir nicht alle Glück und Erfolg haben?) Und auch in Psalm 119,9 lesen wir: »Wie geht ein junger Mann seinen Pfad ohne Tadel? Wenn er sich hält an dein Wort.« Vers 11: »Ich behalte dein Wort in meinem Herzen, damit ich nicht wider dich sündige« (revidierte Lutherbibel).

6. Titus 1,15: »Für die Reinen ist alles rein; für die Unreinen und Ungläubigen aber ist nichts rein, sogar ihr *Denken* und ihr Gewissen sind unrein.« Paulus will mit diesen Worten nicht sagen, daß dem Reinen auch ein Mord etwas Reines ist. Vielmehr meint er, daß wir mit einem unreinen Sinn alles unrein machen können. Wenn unsere Gedanken unrein sind, werden auch unser Sinn und unser Gewissen unrein. Wir können dann die gleichen bösen Gedanken immer wieder aufs neue denken, ohne noch ein starkes Schuldbewußtsein zu haben.

7. Hesekiel 11,5: »Ich weiß sehr gut, was ihr im *Sinn* hattet.« Vers 12: »Daran werdet ihr erkennen, daß ich der Herr bin, dessen Gesetze ihr nicht gehalten und dessen Rechtsvorschriften ihr nicht befolgt habt. Statt dessen habt ihr nach den Bräuchen der Völker ringsum gehandelt.« Es gibt kein deutlicheres Beispiel dafür, daß Gottes Volk der Lebensweise der Heiden folgt, als wenn es sich mit ehebrecherischen Gedanken befaßt.

Hier noch ein weiteres Beispiel. Einmal verordnete mir mein Arzt eine strenge Diät, nach der ich nur Fleisch und Gemüse essen durfte. Wenn man einen Augenblick darüber nachdenkt, wird man feststellen, wie *viele* Nahrungsmittel eben nicht Fleisch und Gemüse sind.

In meinen Gedanken hatte ich einen unersättlichen Heißhunger nach einer gewissen Speise, die nicht auf meinem Diätfahr-

plan stand. Bei Nacht wachte ich auf und dachte a[n]
Speise. Ein dutzendmal am Tag dachte ich: »Wie gern[e]
ich doch etwas davon essen.« An der Speise selbst w[ar]
Schlechtes. Auch das Verlangen, davon zu essen, war an sich
nicht schlecht. Das Problem lag darin, daß der *Gedanke* daran
für mich eine Qual war. Der Heilige Geist sprach zu mir:
»Merlin, du hast auf mich gehört und es mir gestattet, dir bei
der Überwindung der Macht unsittlicher Gedanken zu helfen.
Nun will ich dich etwas Neues lehren. Du brauchst nicht daran
zu denken, daß du diese Speise haben möchtest.«
Meine Reaktion war: »Ich muß wohl mein eigenes Verlangen
hören.« (Ich habe festgestellt, daß dies jedem von uns sehr
leicht passieren kann!)
Die Stimme bestätigte mir jedoch beharrlich, daß ich in der Tat
eine wichtige Lektion empfing und deshalb hinhören mußte.
Meine Antwort lautete: »Aber ich kann doch nichts dafür!«

»Gott hat dir Autorität über deine Gedanken gegeben. du kannst bestimmen, was du denken möchtest.«

Dies war eine enorme Offenbarung für mich – vielleicht eine
der größten in meinem ganzen Leben.
Kurze Zeit später wurde mir bewußt, daß derselbe Gedanke
wieder auf mich einstürmte: das Verlangen nach *dieser Speise*.
Ich versuchte das zu tun, was der Geist mir gesagt hatte, und zu
meinem absoluten Erstaunen klappte es! Ich konnte an diese
Speise denken und dann aber den Gedanken des Verlangens
danach buchstäblich ausschalten! Das war ein Augenblick
freudiger Erregung, denn ich wußte, daß ich eine Erfahrung
machte, die für mich völlig neu war.
Ich muß jedoch bekennen, daß mein Glaube an diesem Punkt
noch nicht besonders stark war. Ich fragte mich, wie lange ich
wohl diese Fähigkeit würde anwenden können, meine Gedanken an diese Speise unter Kontrolle zu halten. Aber als ich an
diesem Tag noch viele Male diese gleiche Erfahrung machte
und jedesmal mit Erfolg mein *Verlangen* abschalten konnte,
wurde mir bewußt, welch einen Segen der Heilige Geist mir
gegeben hatte. Ich will damit nicht sagen, daß es so etwas
Besonderes ist, wenn man das Verlangen nach einer bestimmten Speise abschalten kann. Das Entscheidende daran ist: Gott

will in uns die Fähigkeit wiederherstellen, daß wir *die in unseren Sinn einströmenden Gedanken unter Kontrolle haben.* Ich glaube, daß der Mensch, als er von Gott geschaffen wurde, totale Kontrolle über seine Gedanken hatte. Durch den Sündenfall ging uns diese Fähigkeit verloren; und jetzt möchte uns der Heilige Geist zur »Erneuerung unseres Denkens« verhelfen. Es ist etwas Herrliches, die Möglichkeiten zu erkennen, die Gott uns in vielen Bereichen unseres Lebens gegeben hat! Ich will damit nicht sagen, daß ich jetzt *jeden* Gedanken sofort unter Kontrolle habe; man muß darin auch lernen und wachsen. Es kommt mir so vor, daß ich jetzt täglich etwas Neues lerne. Gestern überprüfte der Handwerker eine Dusche in unserem Haus und sagte mir, daß durch die Leitung und unter dem Fußboden Wasser durchsickere – wahrscheinlich schon seit vielen Jahren. Als er das *Linoleum* hochhob, stellte er fest, daß der Fußboden – und möglicherweise auch das Material unter dem Fußboden völlig vermodert war. Er empfahl mir, die gesamt Dusche herauszunehmen, durch eine neue zu ersetzen und auch einen neuen Fußboden legen zu lassen. Als er die zu erwartenden Kosten nannte, war mein erster Gedanke: »Was für ein Aufwand!« Und ich war gar nicht begeistert von der Reparatur. Letzten Endes hatte ich ja zwar schon eingesehen, daß Gott auch diesen Schaden zu meinem Besten dienen lassen würde; aber einige Minuten lang bereitete mir die Sache doch Sorgen.

Doch da sprach der Heilige Geist zu mir: »Du brauchst doch diesen unangenehmen Gedanken gar nicht anzunehmen.« Und in dem Augenblick, als ich den Gedanken zurückwies, war er verschwunden!

Es gab eine Zeit in meinem Leben – ich war bereits Christ –, da ich viele sinnliche Gedanken hatte. Aufrichtigen Herzens glaubte ich, daß ich dafür nichts könnte. Ich war mir bewußt, daß ich nicht eigentlich Ehebruch begehen wollte; was ich aber *wollte*, war, mir eine solche Situation vorzustellen und darüber nachzudenken. Während der Heilige Geist an mir arbeitete, drängte er mich zu beten, daß meine Gedanken gereinigt würden. Dies war nicht einfach! Ich frönte einer Gewohnheit, die in meinen Gedanken begonnen hatte, als ich noch ein kleiner Junge war. Diese Gedanken waren zu einem Teil von mir geworden. Anstatt sie zu beherrschen, wurde ich von ihnen beherrscht. Es war nicht so, daß ich die ganze Zeit nur sinnliche Gedanken gehabt hätte; aber in gewissen Situationen brachen sie mit Macht in mein Bewußtsein durch.

In jenen Jahren, als unsittliche Gedanken meinen Sinn durchfluteten, hatte ich ständig Schuldgefühle; doch ich machte mir deswegen nie allzu große Sorgen. Ich glaube, ich machte mir deswegen keine zu großen Sorgen, weil ich in Gesprächen mit anderen gläubigen Männern erfuhr, daß sie das gleiche Problem hatten. Ich kam deshalb zu dem Schluß – und glaube dies auch heute noch –, daß die weitaus größte Mehrzahl mit der gleichen Schwierigkeit zu kämpfen hat.

Was ich hier schreibe, mag bei manchen Christen zwar einige Bedenken hervorrufen; aber viele Christen werden sich darüber freuen, daß diese verborgenen Dinge einmal ans Licht gebracht werden. Jene, die viele Jahre lang in ihrem Herzen belastet waren, werden jetzt eine Bestätigung dafür bekommen, daß Gott ihre geheimen Gedanken in der Tat mißbilligt. Während der Heilige Geist ihnen zur Erneuerung ihres Sinnes verhilft, werden sie in Christus neue Siege erfahren. Christen werden Befreiung erleben und dann mit neuem Enthusiasmus darangehen, andere für Christus zu gewinnen.

Oft haben Männer und Frauen ein gewisses Minderwertigkeitsgefühl. Sie meinen vielleicht, dieses rühre von ihrem Bildungsmangel oder dem Fehlen besonderer Begabungen her; oder sie führen es auf irgendeine Schwäche zurück, die sie nicht im Griff haben. Häufig liegt diesem Problem jedoch ihr unreines Gedankenleben zugrunde. Dieses schwächt ihr geistliches Leben und zehrt daran, bis sie schließlich keinerlei Kraft mehr haben, um sich oder anderen zu helfen. Durch die Reinigung unserer Gedanken jedoch öffnen wir uns vielen Dingen, die der Heilige Geist in unserem Leben tun möchte.

Öffne deine Gedanken den Schriftstellen, die in diesem Buch erwähnt werden. Wenn du dich etwa des folgenden Gedankens schuldig gemacht hast: »Wenn nur dieser Mann mein Ehemann wäre«, dann denke einmal gründlich über die folgende Schriftstelle nach: »Du sollst nicht begehren.« Dieses Gebot bedeutet, daß wir kein Verlangen haben sollen nach dem Ehemann oder der Ehefrau einer anderen Person. Gott hätte die Begehrlichkeit nie verboten, wenn er nicht gewußt hätte, daß er uns zur Beherrschung unserer Gedanken befähigt hat.

Wenn ein Ehemann in Gedanken mit einer Raquel Welch Ehebruch begeht, wie kann dann seine Ehefrau jemals seinen Erwartungen gerecht werden? Wenn eine Ehefrau sich einbildet, wie Raquel Welch zu sein, und sich dem einfachen Hans Müller gegenüber, mit dem sie verheiratet ist, ablehnend verhält, was hat dann eine solche Ehe noch für eine Chance? Diese Ehefrau muß in den Spiegel schauen und sich fragen: »Was sieht er eigentlich, wenn er nach Hause kommt? Du bist doch nicht Raquel Welch, und auch er ist nicht Robert Redford.«

Wenn sich eine Ehefrau täglich jene Fernsehfilme ansieht, in denen der unerlaubte Sex verherrlicht wird, dann entsteht in ihr doch ein gedankliches Verlangen nach diesen Dingen. Und bald wird aus diesem gedanklichen Verlangen ein Verlangen des Herzens. Ohne es zu merken, übernimmt die Frau das Verlangen der Personen, die sie in dem Spielfilm sieht. Warum auch nicht? Sie sieht ja das, was sie zu sehen *begehrt*.

Wenn sich eine Ehefrau durch das ständige Lesen von Liebesromanen eine Phantasiewelt aufbaut, ist sie schließlich nicht mehr in der Lage, mit der Realität fertig zu werden. In Romanen wird die Ehefrau oft als Heldin in einer wunderschönen, romantischen Umgebung geschildert. Sie hat eine Fülle von Möglichkeiten, um bezaubernd schön, beliebt, amüsant und begehrenswert zu sein. Die Leserin dagegen muß Tag um Tag Windeln waschen, das Haus saubermachen und mit anderen, täglich wiederkehrenden Problemen zurechtkommen. Doch in Gedanken gibt sie sich einer Phantasiewelt hin, bis sie schließlich der Realität ihres Alltags entfliehen möchte. In ihrer Ehe können ernsthafte Probleme auftreten, da sich kein Mann mit den Männern messen kann, die das Produkt der Phantasie seiner Ehefrau sind.

Wenn du dich davon überzeugen läßt, daß die Bibel eine reine Gedankenwelt fordert, kommst du dieser Forderung dann auch nach?

Wenn du das starke Verlangen hast, dich biblischen Normen zu fügen, wirst du dann dieses Verlangen auch in die Tat umsetzen?

Die Antwort auf beide Fragen lautet: *Vielleicht.*

Unser Sinn ist erstaunlich trügerisch. Er findet unbegrenzte Möglichkeiten der Entschuldigung für das, was wir tun möchten. Er sagt zum Beispiel: »Ja, die Bibel verlangt Reinheit der Gedanken; aber ich bin ja nicht vollkommen. Wer ist das schon?« Oder: »Ja, ich habe ein starkes Verlangen, all das zu tun, was die Bibel von mir verlangt; aber in diesem Fall kann ich es nicht. Meine Gedanken lassen sich nicht beherrschen.« Ganz geschickt hat es der Sinn hier verstanden, die Sache zu umgehen. Er hat für sein Tun eine Entschuldigung gefunden, damit er weiterhin das genießen kann, was ihm gefällt.

Die Wahrheit ist: Wir denken, was wir denken wollen. Die Bibel macht uns persönlich verantwortlich für *jeden* Gedanken, den wir haben. Wir sind keine Computer, die darauf vorprogrammiert wären, auf Kräfte zu reagieren, die außerhalb unserer Kontrolle stehen. Wir sind von Gott geschaffen, und zwar in seinem Bild: als Menschen mit freiem moralischen Handlungsvermögen. Genau deswegen sagt Gott auch: »Also wird jeder von uns vor Gott Rechenschaft über sich selbst ablegen« (Römer 14,12).

Der Alkoholiker gibt das Trinken nicht auf, weil er trinken will. Er weiß vielleicht, daß seine Gesundheit unter den Auswirkungen des Alkoholmißbrauchs leidet; aber er findet irgendeine Entschuldigung für seine Sucht. Der Drogenabhängige weiß vielleicht, daß er mit seiner Sucht Leib und Seele zerstört; aber er ist der Meinung, daß er Drogen einfach nehmen muß.

Der Christ, der unsittliche Gedanken pflegt, weiß gewöhnlich, daß er sich damit inneren Schaden zufügt. Er hat Schuldgefühle und möchte niemand etwas wissen lassen; aber er meint, er könne nichts dafür. Bist du dir bewußt, daß unsittliche Gedanken oft auch die Entkleidung des Körpers mit einbeziehen? Dies führt uns zurück zur Ursünde des Menschen. Welches war der erste Gedanke, den Adam und Eva nach dem Sündenfall hatten? Sie erkannten, daß sie nackt waren!

Die Auflehnung gegen Gott erschloß dem Menschen ein neues Bewußtsein. Die Entkleidung des Körpers ist auch heute noch Auflehnung gegen Gott, wenn sie auf die Art und Weise geschieht, die er verboten hat. Der Satan hat stets den menschlichen Körper als Mittel benützt, um die Rebellion zu fördern und auf diese Weise den menschlichen Geist zu schädigen. Er wendet unzählige Methoden an, um uns davon zu überzeugen, daß wir für unreine Gedanken nicht verantwortlich sind, selbst wenn unser Geist dadurch verwundet und verletzt wird.

Der Mensch ist noch nie so klug gewesen, daß es ihm gelungen wäre, Gott ungehorsam zu sein, ohne die Konsequenzen seines Ungehorsams tragen zu müssen. So oft denkt der Mensch: Ich habe viele Male böse Gedanken gehabt, und doch ist nichts Gravierendes geschehen. Gott ist zwar geduldig, freundlich und langmütig; aber er kann sein eigenes Wort nicht brechen. »Was der Mensch sät, das wird er ernten.«

Hast du bereits festgestellt, daß sich dein natürlicher Sinn von Gott nicht kontrollieren lassen will? Die Bibel bringt dies in Römer 8,7 so zum Ausdruck: »Fleischlich gesinnt sein ist Feindschaft wider Gott« (revidierte Lutherbibel).

Es ist schwer einzusehen, daß unser eigener Sinn Gottes Feind ist. Hierfür gibt es aber viele Beispiele. Du hast einige davon sicher in deinem eigenen Leben schon beobachtet:

1. Gott sagt: »Freut euch im Herrn *zu jeder Zeit!*« Unser Sinn sagt: »Ich freue mich, wenn mir danach zumute ist.«

2. Gott sagt, daß wir mit allem, was wir essen und trinken, ihn verherrlichen sollen (1. Korinther 10,31). Der Sinn sagt: »Wenn mir dieses Essen schmeckt oder ich es essen möchte, dann esse ich es.« Wie drastisch würden sich die Eßgewohnheiten vieler Leute ändern, wenn ihr Speiseplan von dem bestimmt wäre, was zur Verherrlichung Gottes dient!

3. Gott sagt, daß wir, wenn wir uns ungerecht behandelt fühlen, *zuerst* zu der betreffenden Person hingehen sollen, um mit ihr über ihr Verhalten zu sprechen. Der Sinn sagt: »Schnell, geh zu deinem Nachbarn und erzähle ihm, was du soeben gehört hast.«

4. Gott sagt, daß wir die ehren sollen, die uns vorstehen. Der Sinn sagt: »Ich ehre sie, wenn sie zu meiner politischen Partei gehören, wenn sie mir zusagen und wenn ich mit dem einverstanden bin, was sie tun.«

5. Gott sagt, daß wir ihm für *alles* danken sollen (Epheser 5,20). Der Sinn sagt: »Ich danke ihm für all das, was mir gefällt, und schimpfe über all das, was mir nicht gefällt.«

6. Gott sagt: »Fürchte dich nicht.« Der Sinn veranlaßt die meisten Menschen, sich dutzendemal am Tag zu fürchten vor Dingen, die nie geschehen. Doch der Sinn sagt: »Sie *könnten* doch geschehen.«

7. Gott sagt, daß er uns alles zum Guten dienen lassen wird (Römer 8,28); und in demselben Kapitel führt er einige der

Dinge auf, die er uns zum Guten dienen lassen wird: Bedräng-
nis, Not, Verfolgung, Hunger, Kälte, Gefahr, Schwert (Atom-
bomben?), Tod, Leben, Engel, Mächte, Gewalten, Gegenwär-
tiges, Zukünftiges (was die Notwendigkeit von Furcht aus-
schließt), Gewalten der Höhe, der Tiefe, irgendeine andere
Kreatur (irgendwelche anderen Dinge).
Der Sinn sagt: »Das glaube ich nicht.«
8. Gott sagt: »Liebt andere Menschen – auch eure Feinde.«
Der Sinn sagt: »Ich liebe die, die mir sympathisch sind.«
9. Gott sagt: »Du sollst nicht begehren.« Der Sinn sagt: »Das
ist ja absurd. Ich kann doch nicht verhindern, daß ich das haben
möchte, was mir gefällt.«

4. Unsere stärkste Versuchung

Im Jahre 1971 vollendete ich einen zwanzigjährigen Dienst beim Militär. Ich freute mich auf den Ruhestand. Wie süß klang mir dieses Wort im Ohr. Es war eine lange, harte Dienstzeit gewesen – vielleicht viel länger und härter, als es sich der Durchschnittszivilist vorstellt. In diesen Jahren hatte ich Hunderte von Männern um mich her sterben sehen: auf Schlachtfeldern der ganzen Erde. Ich war einer der wenigen Glücklichen, die überlebt hatten. Andere, die mit mir »überlebt« hatten, waren ohne Beine, ohne Arme, blind oder taub. Manche hatten auch mehrfache Körperschäden davongetragen. Aber ich hatte überlebt und freute mich auf den Ruhestand.

Wenn ich so auf meine Vergangenheit zurückblickte, wurde mir auch klar, weshalb ich mich so müde fühlte. Der zweite Weltkrieg war ein traumatisches Erlebnis gewesen. Viele meiner engsten Freunde waren gefallen, als wir – die Angehörigen der berühmten 82. Luftlandedivision – uns durch Europa hatten durchkämpfen müssen. Als ich 1946 aus der Armee entlassen wurde, wäre ein weiterer Militärdienst das Allerletzte gewesen, was ich hätte tun wollen.

Bis zum Jahr 1953 hatte mich der Herr dann jedoch davon überzeugt, daß er andere Pläne mit mir hatte. Auf seine Weisung hin trat ich wieder in die Armee ein, und zwar als Militärgeistlicher. Nur auf drei Jahre – so dachte ich jedenfalls! Der Dienst wurde nach drei Jahren verlängert, nachdem der Heilige Geist mich davon überzeugt hatte daß meine Arbeit noch nicht abgeschlossen war. Dann kam Korea, wo ich aufs neue mit dem Tod konfrontiert wurde. In der Dominikanischen Republik bekam ich den qualvollen Auftrag, bei der Verladung gefallener Soldaten der 82. Luftlandedivision mitzuhelfen. Ihre Leichname wurden in die Heimat überführt. Es folgte ein schreckliches, strapaziöses Jahr in Vietnam. Bei 40°C und einer Luftfeuchtigkeit von 97% mußten Hunderte von Soldaten für Fehler, die Amerika gemacht hatte, einen furchtbaren Preis bezahlen.

Im Jahre 1971 hatte ich mein Buch »Ich suchte stets das Abenteuer« zu Ende geschrieben. Alles, was ich wußte, hatte ich schriftlich festgehalten und freute mich nun auf den Ruhestand. Und ich ging auch in den Ruhestand. Aber der Heilige Geist ließ mir keine Ruhe; so entstand aus meinem Innern heraus »Leben in neuen Dimensionen«. Jetzt hatte ich es aber gewiß geschafft und konnte endlich den Ruhestand beginnen. Doch da begann eine Flut von Briefen aus allen Teilen der Welt einzutreffen. Menschen erfuhren Hilfe durch meine Bücher und hatten viele Fragen. Der Heilige Geist drängte mich, die Fragen so gut wie möglich zu beantworten. Überall in den Vereinigten Staaten erhielten Strafgefangene Exemplare meiner ersten beiden Bücher, und sie stellten mir Fragen wie diese: »Gibt es Sie wirklich? Ist der Inhalt Ihrer Bücher Tatsache oder nur erfunden?« Ich mußte ihnen Antwort geben. Es waren Menschen, die lebten und Nöte hatten. Aus all diesen Briefen heraus entstand dann ein neues Buch: »Saget Dank allezeit«. Ich war überzeugt davon, daß damit meine Karriere als Schriftsteller abgeschlossen sein würde. Wie meine Bücher »Ich suchte stets das Abenteuer« und »Leben in neuen Dimensionen« so wurde auch der Titel »Saget Dank allezeit« in die amerikanische Liste der zehn christlichen Bestseller aufgenommen. Weitere Briefe trafen aus allen Landesteilen ein. Keine Zeit für den Ruhestand; zu viele Menschen baten um Hilfe; zu viele Kirchen luden mich ein, ihnen die Botschaft des Lobpreises zu bringen.

Dann kam der Ruf zu einem Kirchenbau in Südkalifornien. »Aber Herr, ich habe doch auf der ganzen Welt schon Dutzende von Kirchen gebaut.«

»Geh und tu es«, war alles, was ich hörte. Wie ich in meinem Buch »Der neue Auftrag« berichtet habe, ging mein Dienst in jener Gemeinde zu Ende. Nun rechnete ich wirklich damit, in den Ruhestand gehen zu können. Doch über siebenhundert Menschen traten aus dieser Gemeinde aus und baten mich dringend, eine neue Gemeinde zu beginnen. Es gab keinen Ruhestand; außerdem mußten zwei weitere Bücher geschrieben werden. Nachdem dann diese Gemeinde gegründet und ein Gemeindehaus gekauft war, führte der Herr mich in den Ruhestand. Es gab keine Kirchen mehr zu bauen und vielleicht auch keine Bücher mehr zu schreiben.

Aber nun entsteht doch wieder ein Buch. Ich glaube, daß Gott meine bisherigen Erfahrungen dazu gebraucht, uns die Bedeutung dessen erfahren zu lassen, was sich in unserer Gedankenwelt abspielt. Viele gläubige Männer haben mir gesagt, daß bei ihrer Bekehrung zu Christus ihr Sinn rein geworden sei. Sie könnten eine schöne Frau ansehen und hätten dabei nicht den geringsten unreinen Gedanken.

Wenn ihnen Tage, Wochen oder vielleicht sogar Monate später ein unreiner Gedanke kam, hielten sie ihn nur eine oder zwei Sekunden lang fest. Durch diesen Gedanken wurden alte Erinnerungen wachgerufen, und das frühere Verlangen begann sich wieder bemerkbar zu machen. Eine Zeitlang brachten diese gelegentlichen unreinen Gedanken starke Schuldgefühle mit sich; aber allmählich schwand dieses Schuldbewußtsein. Schließlich gelangten diese Männer zu der Überzeugung, daß man auch von Christen keine Reinheit des Herzens erwarten könne. Sie waren sich nicht bewußt, daß die Schuldgefühle immer noch vorhanden waren und sich immer tiefer ins Herz hineinbohrten.

Während meines Militärdienstes stand ich vielen gläubigen Männern in ihrer Sterbestunde zur Seite. Wenn ich sie fragte, worum ich mit ihnen noch beten solle, baten sie mich fast ausnahmslos darum, mit ihnen um die Vergebung ihrer Sünden aus der Vergangenheit zu beten. Wenn ich sie dann weiter fragte, welche bestimmten Sünden sie Gott bekennen wollten, dachten sie häufig zuerst an die Männer, die sie in ihrer Funktion als Soldat hatten töten müssen. Ihre nächste Bitte betraf gewöhnlich unsittliche Handlungen oder Gedanken.

Der springende Punkt ist der, daß wir zwar unsere Schuld bezüglich unreiner Gedanken sogar vor uns selbst verbergen können, daß aber das, was im Herzen verborgen ist, in Zeiten großer Gefahren oder Krisen, in Zeiten der Not oder des Todes an die Oberfläche kommt.

Frauen berichten von ähnlichen Erfahrungen. Wenn sie Christus aufnehmen, wird ihr Leben ausgeglichener. Jesus befriedigt ihre Bedürfnisse. Später jedoch kommt das frühere Verlangen wieder an die Oberfläche. Sie lernen Männer kennen oder erinnern sich an solche, die »ihre Bedürfnisse wirklich befriedigen könnten«.

Wenn Männer und Frauen eine neue Beziehung zum Heiligen

Geist suchen, sind ihre Erwartungen manchmal noch höher und ihre Schuldgefühle werden noch größer, wenn sich unreine Gedanken wieder einschleichen.

Früher oder später müssen wir der Tatsache ins Auge sehen, daß Gott *uns* die Verantwortung für die Reinigung der Gedanken unseres Herzens übertragen hat. Der Heilige Geist und das Wort Gottes wollen uns dabei behilflich sein; aber jeder Mensch muß für sich selbst entscheiden, was er denken und was er sich in seiner Phantasie vorstellen will. Unsere Erschaffung zum Bilde Gottes *macht es erforderlich*, daß wir die Verantwortung für unsere Gedanken selbst tragen.

Warum haben Männer und Frauen unreine Gedanken?

Weil sie diese haben wollen!

Und sie wollen diese haben, weil sie daran Gefallen finden.

Diese Gedanken verschaffen dem Leib einen physischen Genuß.

Die damit verbundenen Empfindungen sind angenehm und befriedigend. Der Sinn wird so vorprogrammiert, daß sich dieser Genuß beim geringsten Anreiz wiederholt. Mit der Zeit braucht der Sinn nicht einmal mehr einen Stimulus – er schafft sich diesen selbst. Das Sichgehenlassen wird zur Gewohnheit und ist scheinbar nicht mehr unter Kontrolle zu bringen. Doch der Mensch ist *immer* verantwortlich für seine Gedanken, weil er zum Bilde Gottes geschaffen ist. Gott hat gesagt: »Wie er in seinem Herzen *denkt*, so ist er« (Sprüche 23,7 – englische KJV-Bibel).

Es gibt ein Heilmittel! »Lebendig ist das Wort Gottes, kraftvoll und schärfer als jedes zweischneidige Schwert... es richtet über die Regungen und Gedanken des Herzens« (Hebräer 4,12). Wenn jemand weiterhin unreines Denken genießen will, dann muß er seine Gedanken *abwenden* von den Schriftversen, die in diesem Buch zitiert werden. Sie sind kraftvoll und können die Mauer durchstoßen, die wir um unsere Herzen herum aufbauen. Ist diese Mauer erst einmal errichtet, ist es uns möglich zu denken: »Was ich tue, ist doch nichts Böses.« Tausende von Männern haben mir gesagt, daß die Versuchung, der sie am wenigsten widerstehen können und die sie am stärksten überfällt, die Versuchung zum unsittlichen Denken ist. Viele Männer bekennen, daß sie durch dieses Problem Schuldgefühle bekommen, von denen sie täglich dutzendemal gequält werden. Sie haben mir bestätigt, daß die Versuchung zur Unkeuschheit stärker ist als *alle andern* Versuchungen zusammen. Gläubige Männer sagen häufig, ihre Frauen hätten keine Ahnung davon, wie traumatisch der Konflikt sei zwischen dem Wunsch, sittlich rein zu sein, und dem verführerischen Einfluß ehebrecherischer Gedanken. Diese Männer wären noch beunruhigter, wenn sie erkennen würden, daß die Beschäftigung mit unsittlichen Gedanken schließlich dazu führt, daß man auch für unsittliche Handlungen eine Entschuldigung findet!

Manche Frauen berichten von einem andersartigen Problem: von einer Sehnsucht, einen andern Mann haben zu wollen – einen Mann, der ihre emotionalen Bedürfnisse befriedigen könnte.

Gibt es auch hierfür eine Lösung?

Ja, es gibt sie!

Männer *und* Frauen müssen zunächst einmal einsehen, daß dieses Problem sehr ernst zu nehmen ist. Nur zu oft wird das unsittliche Denken als etwas Unkontrollierbares abgetan. Der Mann entschuldigt seine Gedanken mit dem »moralischen Mäntelchen«, daß er ja bloß das tue, was alle andern Männer auch tun. Wenn wir jedoch erst einmal begreifen, was die Schrift zu diesem Thema zu sagen hat, wenn wir erkennen, wie wichtig unsere Gedanken bei Gott sind, und wenn wir seine Worte in unser Herz eindringen lassen, dann *können* wir frei werden.

»Im Anfang schuf Gott ... Dann sprach Gott: Laßt uns Menschen machen als unser Abbild ... Als Mann und Frau schuf er sie.« Wir sind ein Teil von Gott. Er hat sein Bild in uns hineingelegt. Ich hatte diesen Vers schon hunderte Male gelesen; aber ich muß bekennen, daß er keinen zu großen Eindruck auf mich gemacht hatte.

Zu einem früheren Zeitpunkt in meiner Christusnachfolge empfing ich eine wunderschöne Gabe von Gott. Er entleerte meinen Sinn von *allen* sinnlichen Gedanken. Ich rechnete damit, daß diese Reinigung von Dauer sein würde – und sie hätte es auch sein können. Ich unterließ jedoch eine wichtige Sache. Ich erneuerte meinen Sinn nicht ständig mit den geistlichen Hilfsmitteln, die er uns in seinem Wort zur Verfügung gestellt hat. Allmählich schlichen sich die alten Gedanken wieder bei mir ein, ohne daß ich mich bewußt dafür entschieden hätte, Gott ungehorsam zu sein.

Eines Tages wurde ich wegen dieser unreinen Gedanken beunruhigt. Ich war schon oft beunruhigt gewesen; aber an diesem Tag war mein Herz besonders schwer. Tief aus meinem Innern kam der Schrei: »O Gott, bitte hilf mir. Ich weiß, daß meine schlechten Gedanken Ungehorsam dir gegenüber sind; aber ich kann einfach nichts dafür. Ich beschäftige mich in Gedanken mit andern Frauen, und ich schäme mich sehr. Ich möchte dies doch gar nicht tun.« Ich war wirklich bereit, diese Sünde aufzugeben.

Ich hörte Gott nicht laut zu mir sprechen, ich vernahm seine Stimme in meinem Innern: »Möchtest du *wirklich*, daß dir geholfen wird? Wenn ich dir helfe, wirst du in der Zukunft weit mehr verantwortlich sein für das, was du tust.«

Ich war in der Lage, eine Entscheidung zu treffen, und rief aus: »O bitte, Gott, hilf mir.«

Er sagte zu mir: »Die Antwort steht in meinem Wort.«

»Ich weiß, Herr; aber wo?« »Schau hinein!«

Und ich begann hineinzuschauen. Welch bessere Stelle in seinem Wort hätte es geben können als gleich die erste Seite? Da stand es zu lesen: »Im Anfang schuf Gott.« Wenn wir das andere Geschlecht anschauen, sehen wir einen Teil von Gott: *seine Schöpfung!* Als mir aufging, was der Geist offenbarte, erschrak ich so, daß ich zu zittern begann. Ich hatte Gottes Schöpfung angeschaut, und mich hatte nach einer ehebrecherischen Beziehung gelüstet zu dem, was ein Teil von ihm war. Eine Weile fiel mir sogar das Luftholen schwer. Das Wort Gottes drang mir ins Herz, und es war in der Tat lebendig und kraftvoll. Obwohl ich seit vielen Jahren gewußt hatte, *was* das Wort sagt, hatte es erst jetzt begonnen, die Gedanken meines Herzens bloßzulegen.

Das Geheimnis zu lernen, wie man reine Gedanken bekommt, umfaßt zwei Dinge:

1. Man muß lernen, was die Bibel über die Gedanken sagt.
2. Man muß Gottes Wort vom Kopf ins Herz fallen lassen. Für mich ist das Herz das Zentrum des Menschen, der ich bin. Dieses »Zentrum« muß zuerst überzeugt sein, bevor ich irgendeine wesentliche Veränderung in meinem Leben vornehme.

Als ich über die Bedeutung dessen nachdachte, was ich gelernt hatte, verstand ich allmählich die schwerwiegende Aussage, die Jesus gemacht hat: »Wenn dich dein Auge zum Bösen verführt, dann reiß es aus; es ist besser für dich, einäugig in das Reich Gottes zu kommen, als mit zwei Augen in die Hölle geworfen zu werden« (Markus 9,47). Im Matthäusevangelium ging Jesus sogar so weit zu sagen, daß in Gottes Augen schon der Wunsch nach Ehebruch der Tatbestand von Ehebruch ist. »Wer eine Frau auch nur lüstern ansieht, hat in seinem Herzen schon Ehebruch mit ihr begangen« (Matthäus 5,28).

Als ich dann mein neues Verständnis von dem, was Jesus gesagt hat, anderen mitteilte, sagten mir viele, dies habe sie sofort so mächtig getroffen, daß sie sich entschlossen hätten, sich von unreinen Gedanken vollständig zu lösen.

Wenn ein Mann oder eine Frau Jesus als Heiland annimmt, wird ihnen in Johannes 14,23 gesagt: »Wir werden zu ihm kommen und bei ihm wohnen.« Wenn ein Mann eine Frau, *in der Gott Wohnung gemacht hat*, ansieht und ehebrecherische Gedanken hat, will er in Wirklichkeit Ehebruch *mit Gottes Tempel* begehen! Wenn ich dies begreife, leuchtet mir auch ein, warum die Bibel so viel über Ehebruch, Unmoral und böse Gedanken zu sagen hat. Der Satan möchte, daß es den Menschen nach Gott gelüstet!

Wenn der Mensch von unsittlichen Gedanken befreit werden möchte, steht ihm hierfür eine Fülle von Hilfsmitteln zur Verfügung. Die Bibel hat so viel über Gottes Willen in dieser Sache zu sagen, daß wir durch das Nachdenken über diese Schriftstellen in unserem Entschluß mächtig gestärkt werden. Es wird für mich zunehmend deutlich, daß gläubige Männer die Bedeutung nicht erkennen, die Gott der sittlichen Reinheit sowohl in Handlungen als auch in Gedanken beimißt. Meine Gespräche mit Männern bestätigen mir, daß nur wenige wissen, wieviel die Bibel zu diesem Thema zu sagen hat. Ich habe mich deshalb vom Geist gedrängt gefühlt, diese Schriftstellen in handlicher Form zusammenzufassen, so daß sie von den Männern leicht gelesen werden können. Wenn ein Mann auch nur das geringste Interesse daran hat, sittlich rein zu sein, können ihm diese Verse Befreiung schenken. Doch muß man sie »ins Herz« aufnehmen und regelmäßig darüber nachdenken. Wenn ein Mann sich weigert, seine Aufmerksamkeit auf die ihm von Gott gegebenen Hilfsmittel zu richten, wird er sehr wahrscheinlich in die Dunkelheit und Hoffnungslosigkeit unsittlichen Denkens zurückgelockt. Wenn er jedoch häufig über diese Worte nachdenkt, glaube ich, daß der Heilige Geist ihm all die Kraft schenkt, die er braucht, um diese von Gott so eindringlich verbotene Sünde zu fliehen. In Johannes 15,3 sagt Jesus: »Ihr seid schon rein durch das Wort, das ich zu euch gesagt habe.«

Wir können unseren Sinn mit einem Funkgerät vergleichen. Wir erhalten zum Beispiel eine Nachricht, in der es heißt: »Ich möchte ein Stück Sahnetorte.« Wer ist es eigentlich genau, der etwas »möchte«, und wo kommt dieser Gedanke her? Braucht der Körper diese Torte für seine Gesundheit? Kann der Körper dadurch den morgigen Tag besser bewältigen? Wohl kaum.

Welchen Prozeß durchläuft der Sinn, bis er zu dem Entschluß kommt: »Ich möchte«? Frühere Erfahrungen, die Genuß brachten? Vorfreude? Wenn wir den Prozeß verstehen, der uns dazu bringt, daß wir etwas haben möchten, dann können wir vielleicht das steuern, was wir in Zukunft haben möchten.

Wenn wir sagen: »Ich möchte ein Stück Sahnetorte«, dann ist dies ein ehrlich ausgesprochener Wunsch. Wie können wir diesen Wunsch nun ändern?

Wenn uns der Arzt sagt: »Es ist möglich, daß Sie Diabetes haben«, dann bekommen wir dadurch einen Anreiz, unsere Essenswünsche zu ändern. Der eine hört diese Diagnose des Arztes und stellt sofort auf eine zuckerfreie Diät um. Der andere denkt überhaupt nicht daran, seine Ernährungsweise zu ändern.

Wenn uns der Arzt sagt: »Sie *haben* Diabetes und müssen Diät halten«, dann haben wir einen starken Beweggrund für die Änderung unserer Wünsche. Wir kommen vielleicht sogar an den Punkt, wo wir Sahnetorte gar nicht mehr möchten. Doch manche Menschen essen trotzdem weiterhin alles, was sie essen möchten, so eigenartig uns das auch erscheinen mag.

Wenn uns der Arzt sagt: »Sie haben eine schwere Diabetes, weißer Zucker kann bei Ihnen einen Schockzustand auslösen«, dann wird sich ein vernünftiger Mensch sofort an eine strenge Diät halten!

Bei anderen Entscheidungen, die wir zu treffen haben, spielt sich ein ähnlicher geistiger Prozeß ab. Ein Verstand, der sagt:

»Ich möchte unreine Gedanken haben«, kann verändert werden. Wodurch kann diese Veränderung bewirkt werden?

Durch einen Bibelvers, der aussagt, daß unreine Gedanken etwas Böses sind? Vielleicht.

Durch mehrere Verse, die aussagen, daß Gott unreine Gedanken nicht haben möchte? Dadurch würde schon eher unsere Aufmerksamkeit erreicht. Durch Dutzende von Bibelversen, die eindeutig aussagen, daß Gott unreine Gedanken und Wünsche verboten hat und daß es schweres Leid für die bedeuten kann, die ungehorsam sind? Ein vernünftiger Mensch sollte davon gepackt werden.

Christus als Heiland aufnehmen bedeutet viel mehr, als ihn nur mit unserem Verstand anzunehmen. In diese Entscheidung muß auch unser Herz mit einbezogen werden. Diese Entscheidung muß für den einzelnen so dauerhaft und bindend sein, daß sie mehr wird als nur ein verstandesmäßiges Fürwahrhalten, daß Christus Gottes Sohn und der Heiland ist. Diese Entscheidung ist eine vollständige Übergabe des eigenen Ichs an Jesus als Herrn.

Den Heiligen Geist als Herrn über unsere Denkgewohnheiten anzunehmen ist mehr als nur eine verstandesmäßige Entscheidung. Es muß eine vollständige Übergabe unseres Herzens sein. Diese Entscheidung verpflichtet uns dazu, daß wir von nun an gegen unreine Gedanken Stellung nehmen. Ist diese vollständige Übergabe einmal vollzogen, hilft uns der Heilige Geist, all das zu tun, was wir selbst nicht tun können.

Als du dein Leben Christus übergabst, gingst du da nicht eine hundertprozentige Verpflichtung ein, an ihn als Erlöser zu glauben, und zwar für immer? Erst durch deine totale Übergabe wurde deine Bekehrung echt. Du versprachst nicht, daß du nie versagen würdest. Gott hat dies von dir auch nicht verlangt. Du versprachst, an Jesus als Heiland zu glauben und dies ohne irgendwelche Vorbehalte zu tun, jetzt und für immer.

Wenn wir unseren Sinn verpflichten, heilige Gedanken zu denken, unterstellen wir ihn der Kontrolle des Heiligen Geistes. Dadurch öffnet sich der Weg zu einem Leben des Dienstes für Gott und schließt sich die Tür zu den unsagbaren Leiden, die über die kommen, die Gott ungehorsam sind.

Du fragst dich vielleicht: »Was geschieht aber, wenn ich mich Gott gegenüber verpflichte, nur noch reine Gedanken zu haben, und dann wieder in meine früheren Denkgewohnheiten verfalle?« Die Antwort hierfür finden wir in der sehr ermutigenden Verheißung in 1. Johannes 1,9: »Wenn wir unsere Sünden bekennen, ist er treu und gerecht; er vergibt uns die Sünden und reinigt uns von allem Unrecht.« Johannes versichert uns auch, daß wir, wenn uns Jesus freimacht, tatsächlich frei sind! Und wer möchte schon gerne die einmal erlangte Freiheit verlassen und in die Knechtschaft zurückkehren?

5. Wann kommt eine geistliche Erweckung?

Warst du schon einmal mit einem Menschen zusammen, der dein Vertrauen erweckte, der dir das Gefühl gab, daß die Situation unter Kontrolle war? Manche Menschen sind geborene Führernaturen. Andere folgen, ohne zu fragen. Wenn schon ein Mensch die Möglichkeit in sich trägt, Vertrauen zu schaffen, wieviel mehr hat der Heilige Geist diese Fähigkeit! Doch der Heilige Geist ist kein Treiber. Er möchte, daß wir ihn als Führer *akzeptieren*. Dann möchte er uns dazu anleiten, heilige Gedanken zu denken – ungeachtet dessen, wie weit wir jetzt noch von diesem Ziel entfernt sind.

Als der römische Hauptmann seinen Glauben an Jesus zum Ausdruck brachte, da antwortete dieser, wie es in Matthäus 8,10 berichtet wird: »Einen solchen Glauben habe ich in Israel noch bei niemand gefunden.«

Dieser Hauptmann glaubte, daß Jesus heilen konnte; aber dies war nicht der Grund, weshalb Jesus ihn so sehr lobte. Viele Menschen glaubten, daß er heilen konnte. Doch diesem römischen Offizier ging etwas an Jesus auf, was sonst noch keinem aufgegangen war. Was war dies wohl?

Dieser Hauptmann verglich Jesu Autorität über die Krankheit mit seiner eigenen Autorität über seine Untergebenen. Er, der Hauptmann, konnte seinen Dienern etwas befehlen, und sie führten den Befehl aus. Er besaß absolute Autorität über ihr Leben. Wenn sie es wagen sollten, sich seinen Anweisungen zu widersetzen, konnte er verfügen, daß sie auf der Stelle hingerichtet wurden. Das ist *echte Autorität!*

Der Hauptmann sagte mit anderen Worten, er wisse, daß Jesus diese gleiche Autorität über Krankheit habe. Obwohl die Krankheit eine große Macht auszuüben schien, wußte er, daß Jesus mehr Kraft hatte als die Mächte, welche die Krankheit verursachten.

Wir wissen, daß böse Mächte auf der ganzen Welt auch die Unmoral forcieren. Die Resultate sind verheerend. Es ist unmöglich, den Schmerz und die Leiden zu ermessen, die als direktes Resultat der Unmoral erlebt werden. Man denke nur an die Geschlechtskrankheiten mit allen ihren Begleiterscheinungen: Verlust des Sehvermögens, Herzleiden, Geburtsschäden, die dem Kind ein Leben lang anhaften, emotionaler Schmerz, Selbstmord, Ehescheidung. Die Liste ist endlos. Man denke an die Prostitution mit allen ihren tragischen Folgen: Weiße Sklaverei, die Tausende von unschuldigen jungen Mädchen Jahr um Jahr verschwinden läßt, sowie die im Zusammenhang mit Zuhälterei, Korruption, Schlägereien, Drohungen und Erpressungen begangenen Verbrechen. Man denke auch an die Ehescheidungen, die aufgrund unmoralischen Verhaltens zustande kommen, an die Kinder, die dadurch eines intakten Familienlebens beraubt werden, an Armut und emotionalen Zusammenbruch.

Man denke auch an die rapide Zunahme der Selbstmordrate unter Jugendlichen. Es wird ihnen vorgetäuscht, mit einem ausschweifenden Leben würden alle ihre Bedürfnisse befriedigt. Sie probieren es aus und stellen dann fest, daß sie, anstatt ein besseres Leben zu finden, einem Leben der Sinnlosigkeit verfallen. Wenn unerlaubter Sex, was ja das Begehrenswerteste im Leben sein soll, sich als etwas herausstellt, was überhaupt keine Erfüllung bringt, welchen Sinn soll das Leben dann noch haben? Keinen, sagen manche, und wieder wird dem Gott dieser Welt ein Menschenopfer im Selbstmord dargebracht.

Wie vielen Nachfolgern Jesu ist heute bewußt, daß er Autorität hat über unsittliche Denkweise? Entgegen der Meinung vieler Christen brauchen wir einfach nicht unter der Autorität von Unmoral und sinnlicher Begierde zu leben! Wir *können* und wir *sollten* frei sein! Jesus schenkt diese Freiheit! Die Befreiung von unsittlichen Gedanken ist *weit wichtiger* als physische Heilung. Sinnliche Begierde ist eine Sünde des Herzens. Jesus hat gesagt, daß aus dem Herzen böse Gedanken kommen (Matthäus 15,19). Sachverständige vertreten in zunehmendem Maße die Ansicht, daß ein Großteil physischer Erkrankungen ihre Ursache in falscher Ernährung haben. Die gefährlichere Krankheit – Unkeuschheit der Gedanken – kommt jedoch aus dem Herzen.

Du hast vielleicht auch schon beobachtet, daß in unserer Zeit die Heilung des Leibes in besonderer Weise hervorgehoben wird. Tausende von Predigten werden über dieses Thema gehalten, und den Menschen wird gesagt, wie sie geheilt werden können. Auch Hunderte von Büchern sind über dieses Thema geschrieben worden. Viele Menschen erfahren Hilfe durch diesen Dienst; und alles trägt dazu bei, die Menschen auf Christus den Retter hinzuweisen. Wie viele Predigten und Bücher befassen sich jedoch mit reinen Gedanken und heiligem Verlangen? Man hat den Eindruck, daß dieses Thema ignoriert wird, weil man es entweder für unwesentlich oder für unmöglich hält. Da es aus biblischer Perspektive mit Sicherheit nicht als unwesentlich einzuordnen ist, muß es wohl für unmöglich gehalten werden. Vielleicht hat sich dieses Thema aber auch als so unbeliebt herausgestellt, daß man sich lieber nicht damit befassen möchte. Die meisten von uns sind wahrscheinlich nicht davon begeistert, wenn Versuche unternommen werden, unsere verborgenen Gedanken aufzudecken! Großer Wert wird derzeit dem Thema »Abtreibung« beigemessen. Die Abtreibung ist jedoch nur eine Nebenerscheinung unreiner Gedanken! Der Mensch muß zuerst etwas im Herzen haben, bevor er es in die Tat umsetzen kann. Die Bibel betont wiederholt, daß unsere erste und größte Sorge dem geistlichen Zustand unsres Herzens gelten muß.

Viele Christen erreichen in ihrem geistlichen Leben eine Ebene, von wo es kein Weiterkommen zu geben scheint. Sie beten, lesen die Bibel, gehen regelmäßig in die Kirche, geben den Zehnten, lernen biblische Verheißungen auswendig und bemühen sich, im Glauben zu wachsen. Trotzdem bleiben sie Jahr um Jahr auf der gleichen Stelle. Kannst du eine Ähnlichkeit mit deiner eigenen Situation feststellen?

Früher oder später müssen alle Christen zu der Erkenntnis kommen, daß Gott kein Dummkopf ist! Er hat uns in der Bibel eine Fülle von Verheißungen über alle die Dinge gegeben, die er für seine Kinder tun will. Aber er war klug genug, um in sein Wort perfekte Kontrollen mit einzubauen. Wir können nur begrenzt Antworten auf unsere Gebete bekommen, bis wir es lernen, *sein Wort zu halten!* Viele Christen bemühen sich ein Leben lang, ihren »Glauben loszulassen«, um Gottes Verheißungen zu erlangen; dabei weigern sie sich aber ständig, sein Wort zu *halten.* Unmöglich! Wir können nicht wunderwirkenden Glauben anwenden, wenn wir uns weigern, Gottes Anweisungen zu folgen. Es kommt nicht darauf an, wie enthusiastisch uns jemand sagt, wir könnten *alles* von Gott empfangen, einfach indem wir seine Verheißungen in Anspruch nähmen. Dies entspricht einfach nicht der Wahrheit – was du vielleicht bereits festgestellt hast. Jede Verheißung Gottes ist an die Bedingung unseres Gehorsams geknüpft. Jesus hat klar gesagt, daß *er* alles empfängt, worum er bittet, weil *er* stets Gottes Willen tut. Ich bin dankbar dafür, daß Gott uns manche Dinge sogar dann gibt, wenn wir ungehorsam sind. Aber er wird uns zum Beispiel nicht die Kraft geben, Wunder zu tun, bevor wir wissen, wie man diese Kraft weislich einsetzt.

Die folgenden Schriftstellen unterstreichen diesen Gedanken:

1. Johannes 15,7: »Wenn ihr in mir bleibt und wenn meine Worte in euch bleiben, dann bittet um alles, was ihr wollt: Ihr werdet es erhalten.«

Das Bleiben in Gottes Willen ist ganz klar eine Bedingung für das Empfangen von Gott.

2. 1. Johannes 3,22: »Alles, was wir erbitten, empfangen wir von ihm, weil wir seine Gebote halten und tun, was ihm gefällt.«

Reines Verlangen ist ganz gewiß etwas, was Gott gefällt!

3. Jakobus 4,3.4: »Ihr bittet und empfangt doch nichts, weil ihr in böser Absicht bittet, um es in eurer Leidenschaft zu verschwenden. Ihr Ehebrecher.«

Hat nicht Jesus deutlich gesagt, daß Ehebruch im Herzen genauso destruktiv ist wie der mit der Tat vollzogene Ehebruch? Macht dieser Vers nicht klar, daß Gott uns Segnungen vorenthält, die wir nur in unseren Lüsten genießen würden?

4. Jakobus 4,8: »Reiniget die Herzen, ihr Wankelmütigen« (Elberfelder).

Beachte, daß er nicht sagt: »Bittet mich um Reinigung«, sondern: »Reinigt *ihr* eure Herzen.« Dies bedeutet, daß wir dazu fähig sind; und wir können erst dann übernatürliche Gebetserhörungen erwarten, wenn wir unsere Herzen gereinigt haben.

Gott bringt dies so klar zum Ausdruck, und doch suchen die Menschen vergeblich nach einem leichteren Weg. Gerne hören sie jedem zu, der ihnen sagt, daß es leicht sei, Gesundheit und Reichtum zu erlangen, wenn sie nur glauben. Es *ist* leicht, von Gott etwas zu empfangen, aber nur, wenn wir alles dransetzen, die Wünsche unseres Herzens zu reinigen, und so zu ihm kommen. Natürlich werden wir nie *vollkommen* sein; aber unser Ziel muß es sein, Gott völlig gehorsam zu werden. Seine Ziele für uns sind in folgenden Schriftstellen klar umrissen:

1. 3. Mose 20,7: »Ihr sollt euch heiligen, um heilig zu sein.«
2. Epheser 1,4: »...damit wir heilig und untadelig leben vor Gott.«
3. 2. Korinther 7,1: »...Reinigen wir uns also von aller Unreinheit des Leibes und des Geistes, und streben wir in Gottesfurcht nach vollkommener Heiligung.«
4. Hebräer 12,4: »Strebt... nach der Heiligung, ohne die keiner den Herrn sehen wird.«

Du hast sicher auch schon den Ausspruch gehört: »Ein halbes Glas Wasser kann man entweder als halb voll oder als halb leer bezeichnen.« Auch diese Verse und dieses Buch kannst du entweder als die Aussage, daß du halb leer bist, sehen, *oder* aber du kannst sie als großen Segen sehen. Du lernst dann, wie du voll werden kannst!

Wenn unser geistliches Leben festgefahren ist und wir Jahr um Jahr eine Methode nach der andern, ein Gebet nach dem andern ausprobieren, dann gibt es nur einen Weg, der uns ans Ziel bringt: Wir müssen nach Heiligkeit des Herzens, des Sinnes, der Seele und der Phantasie streben. Gott wird jeden Schritt ehren, den wir tun, um so zu werden, wie er uns haben möchte.

Viele Bücher wurden schon geschrieben und viele Predigten gepredigt, mit denen wir ermahnt werden, keinen Ehebruch zu begehen, nicht zu stehlen, andern keinen Schaden zuzufügen, keinen Alkohol zu trinken etc. Man hat uns häufig dazu angehalten, in die Kirche zu gehen, andern zu helfen, für unsere Familie zu sorgen, die Bibel zu lesen etc. All dies sind zwar gute Dinge; aber wenn es nur beim Nicht*tun* des Bösen und beim bloßen *Tun* des Guten bleibt, sind wir noch eine weite Strecke von der in der Bibel beschriebenen Heiligkeit entfernt. In unserer Generation ist über die Notwendigkeit der Reinheit des Herzens, der Gedanken und der Phantasie nur wenig geschrieben oder gelehrt worden. Die Bibel jedoch ist voll von Ermahnungen zur Reinheit unserer Wünsche und Gedanken. Und gerade in diesen Bereichen werden die eigentlichen Siege gewonnen.

Wenn wir unsere Energien darauf konzentrieren, was der Mensch *tut,* dann ist das so, als würde man die gesamte Feuerwehr zum Löschen einer brennenden Böschung zur Stadt hinausschicken, während der Stadtkern selbst auch niederbrennt!

Das Herz der Christen wird verdorben durch die Welt, in der wir leben. Männer und Frauen werden in den Schmutz sinnlichen, ehebrecherischen, begehrlichen Denkens hineingezogen; und die Christen erhalten lediglich eine Warnung vor den physischen Handlungen! Natürlich sollen wir die Taten nicht ausführen, aber wir sollen uns eben auch nicht den Gedanken hingeben.

Durch unreines Denken wird uns die geistliche Kraft entzogen, die wir haben sollten.

Der Satan weiß dies, und er wendet seine geschickteste Taktik an, um zu verhindern, daß unser innerer Zerfall als genau das bezeichnet wird, was er ist: Ungehorsam gegenüber Gott.

Woher weiß ich denn, daß sich im Herzen der Christen ein geistlicher Zerfall vollzieht? Überall da, wo ich über dieses Thema gesprochen habe, haben mir die Zuhörer das bestätigt, was ich hier schreibe. Das unsittliche Denken unter Christen greift um sich! Heiliges Verlangen, wie es Jesus und seine Jünger gelehrt haben, ist nahezu unbekannt. Selbst die geistlichen Führer lassen sich in diesem Netz oft fangen und sind daher außerstande, auf den gefährlichen Zustand, in dem wir uns befinden, hinzuweisen. Woher weiß ich das? Ich mache diese Aussage nicht aufgrund reiner *Annahme.* Ich berichte vielmehr das, was mir Männer und Frauen in führenden geistlichen Positionen seit vielen Jahren sagen!

Viele Männer sagen für die nahe Zukunft eine Ausgießung des Heiligen Geistes auf unser Land voraus. Ich wünschte mir, ich könnte mich dieser freudigen Erwartung anschließen, aber ich kann es nicht.

Mein Schriftverständnis führt mich zu dem Glauben, daß Gott seinen Geist in dem Maße auf uns ausgießt, wie sein Geist uns unter Kontrolle hat. Meine Überzeugung ist es, daß wir hier in den Vereinigten Staaten uns vom Gehorsam *immer weiter* entfernen.

Ich weiß, daß ich mit dieser Vorhersage dem widerspreche, was von der großen Mehrheit gesagt und geschrieben wird. In den Vereinigten Staaten wird es keine große Erweckung geben, ehe nicht im Herzen der Christen eine Veränderung geschieht. Gegenwärtig zeichnet sich ein moralischer Zerfall ab, der unser Land und den Großteil der übrigen Welt daran hindert, die guten Dinge in Besitz zu nehmen, die Gott für uns bereithält. Dies ist aber kein Grund zur Entmutigung! Der Heilige Geist ist bereit, mit seiner Fülle jedem von uns zu dienen, so wie *wir* dafür bereit sind. Wenn wir willig sind, ihm die Kontrolle über das Verlangen unseres Herzens zu überlassen, ist er willig, Gottes vollkommenen Willen in unserem Leben hinauszuführen. Wir brauchen unsere Aufmerksamkeit nicht auf das zu richten, was andere Menschen tun oder nicht tun.

In dem Maße, wie der einzelne Christ in das Ebenbild Christi verwandelt wird, werden wir das Wirken des Heiligen Geistes in unserem ganzen Lande erleben. Dadurch wird die künftige Ausgießung des Heiligen Geistes abhängig gemacht von unserem geistlichen Vorwärtskommen und nicht von Gottes festgesetzter Zeit. Wenn ich in der Geschichte Gottes Handeln mit der Menschheit verfolge, dann sehe ich, daß der Herr immer dann seinen Teil tat, wenn der Mensch Gottes Wort gegenüber Gehorsam leistete. Die Bibel verheißt ein besonderes Wirken des Heiligen Geistes in den letzten Tagen; aber das Wort sagt auch, daß eine Reinigung in den Herzen der Gläubigen geschehen wird.

Wenn der Leib Christi in unserem Lande nicht nach Heiligkeit des Herzens strebt, wird ein weiterer Zerfall erfolgen, und die Religionsfreiheit, die wir heute genießen, wird uns verlorengehen. Dies ist von Anbeginn der Zeit den Völkern nacheinander so ergangen, und wir haben keinen Grund, etwas anderes zu erwarten. Gott kehrte dem ungehorsamen Israel immer und immer wieder den Rücken. Einmal mußten sie vierhundert Jahre lang in die Gefangenschaft! Das gleiche Schicksal könnte unserem Volk widerfahren.

Sehe ich Zeichen zunehmenden Zerfalls im Herzen der Christen? Ja. Durchs Fernsehen ergießt sich heute in die Familien hinein eine moralische und geistige Schmutzwelle, die vor fünfzig Jahren die Christen so hätte reagieren lassen, wie Jesus das getan hat, als er die Entweihung des Tempels sah. Aber heute sind wir in einer solchen Verfassung, daß wir *alles* akzeptieren. Gott wird dies auf die Dauer nicht tolerieren. Dieses Buch ist meine Bemühung, gegen die Mächte vorzugehen, deren Ziel die Verseuchung unserer Gedanken und Wünsche ist. Noah warnte die Menschen seiner Zeit vor Gottes Zorn. Wenn Noah heute leben würde, würde er sagen: «Gott ist zornig, weil das Verlangen von Männern und Frauen unrein ist.» Ich habe nicht die Gabe der Prophetie und kann deshalb nicht sagen, was geschehen wird; aber was genau geschehen wird, ist auch nicht das Ausschlaggebende. Es genügt zu wissen, daß Gott von seinem Volk Heiligkeit der Gedanken, des Verlangens und des Herzens fordert und will, daß wir *alles* in unserer Kraft Stehende tun, um ihm Gehorsam zu leisten. Wenn die Aussage dieses Buches dir einen Dienst erweist, dann gebrauche bitte jedes dir zur Verfügung stehende Mittel, um auch andere Christen darauf aufmerksam zu machen. Als Schriftsteller trägt man nur einen *kleinen Teil* dazu bei, daß eine Botschaft in Umlauf kommt. Du als Leser kannst von Gott gebraucht werden, um das Leben Hunderter von Menschen zu verändern, indem du ihnen diese Botschaft weitersagst. Wer braucht eigentlich diese Botschaft im einzelnen?

1. Ehefrauen

Frauen müssen verstehen lernen, daß Männer genauso leicht zum Denken unreiner Gedanken verführt werden können wie Frauen zum übermäßigen Essen. Und genauso häufig! In manchen Fällen noch viel häufiger. Wenn es dir leichtfällt, deinen Körper durch übermäßige Nahrungsaufnahme zu schädigen, dann denke einmal darüber nach, wie leicht es für deinen Ehemann sein kann, der Versuchung zum unreinen Denken nachzugeben.
Es stimmt mich außerordentlich traurig, wenn ich die vielen Ehen sehe, die mit der Scheidung enden, weil die Ehefrauen zu dick geworden sind. Ihr Frauen erwidert vielleicht: »Das sollte nicht sein!« Ja, ihr habt recht, es sollte nicht sein, aber *es ist so.* Ehepaare, die fünf, zehn und fünfundzwanzig Jahre zusammen waren, trennen sich; und die Ehefrauen reagieren schockiert, daß so etwas passieren kann. Ich weiß, daß ich damit einen

Punkt berühre, vor dem sich selbst die Engel fürchten; aber bitte, ihr Ehefrauen, hört einmal zu. Wenn ihr euch so gehen laßt, daß euch die Eßlust beherrscht, dann fordert ihr euren Ehemann geradezu heraus, seine Aufmerksamkeit einer anderen Frau zu schenken. Er sollte dies zwar nicht tun, aber ich muß euch die Tatsachen so weitergeben, wie sie sind; und nun könnt ihr euch für das entscheiden, was euch lieber ist. Hat euer Ehemann erst einmal sein Herz einer anderen Frau geschenkt, könnt ihr vielleicht absolut *nichts* mehr daran ändern.

2. Ehemänner

Männer müssen verstehen lernen, daß Frauen Zärtlichkeit und Verständnis brauchen. Wenn sie diese Zuwendung nicht von ihrem Ehemann erhalten, kommen sie in Versuchung, diese bei einem anderen Mann zu suchen. Sie können genauso häufig in Versuchung kommen, wie Männer zum unreinen Denken versucht werden. In manchen Fällen vielleicht sogar häufiger. Wenn es dir leichtfällt, deinen unsterblichen Geist durch unsittliche Gedanken zu schädigen, dann überlege einmal, wie leicht deine Ehefrau in Versuchung kommen kann, sich nach einem anderen Mann zu sehnen, der ihre emotionalen Bedürfnisse befriedigt.

Du mußt dir dessen bewußt sein, daß deine Einstellung gegenüber deiner Ehefrau sie dazu ermutigen kann, ihr Augenmerk auf einen anderen Mann zu richten. Viele Männer haben sich mit mir in Verbindung gesetzt, *nachdem* ihre Ehefrauen die Scheidungsklage eingereicht hatten, und konnten es nicht fassen, daß so etwas passieren konnte. Wenn ich dann ihre Probleme gründlich untersuchte, stellte ich oft fest, daß der Ehemann seiner Frau nicht die von ihr ersehnte Aufmerksamkeit, Freundlichkeit und Liebe entgegengebracht hatte. Als der Ehemann ihr das nicht gab, was sie brauchte, kam sie in Versuchung, sich nach anderen Männern umzusehen. Natürlich sollte sie dies nicht getan haben; aber ich muß dir die Tatsachen so weitergeben, wie sie sind; und nun kannst du dich für das entscheiden, was dir lieber ist.

3. Unverheiratete

Wenn du glaubst, daß du Ehebruch (Sex mit einer verheirateten Person) und auch Hurerei (Sex mit einer unverheirateten Person) nicht begehen sollst, dich aber dennoch sinnlichen Gedanken hingibst, dann ist es sehr wahrscheinlich, daß du *nicht* fähig sein wirst, deinem Glauben treu zu sein. In der Tat steht die Chance höher als 9:1 für dich, daß du letzten Endes in eine unsittliche Handlung hineinschlitterst. Menschen, denen es vor dir schon so ergangen ist, haben diesen tragischen Rekord aufgestellt. Die heutige Entwicklung in dieser Welt kündigt einen ständig zunehmenden moralischen Zerfall an.

Was ist die Lösung? Akzeptiere Gottes Norm für seine Kinder. Laß dir durch seinen Geist zu einem heiligen Verlangen verhelfen. Ist dies möglich? Ja, ganz gewiß. Auch dein Sinn kann in das Ebenbild Christi umgestaltet werden. Dann wird das Verlangen, Gott zu gefallen, größer als das Verlangen, deinen natürlichen Regungen nachzugeben.

Wenn du dich während der Verlobungszeit auf deine eigene Fähigkeit verläßt, über dein Verlangen Herr zu werden, wirst du aller Wahrscheinlichkeit nach ein weiteres Beispiel für die 9:1-Chance. Wenn du aber nach einem *heiligen Verlangen* strebst, wirst du ein Beispiel dafür, was geschieht, wenn wir Gottes Willen akzeptieren.

Bitte glaube mir, daß ich etwas empfehle, was möglich ist. Die Welt stellt das sexuelle Verlangen als etwas so *Starkes* hin, daß *niemand* das unter Kontrolle haben kann, was er begehrt. Selbst viele Christen haben sich davon überzeugen lassen, sie seien, wenn sie kein unreines Verlangen hätten, nicht ganz normal!

Während du Gottes Willen in seinem geschriebenen Wort suchst, wird dir sein Geist buchstäblich zur Umwandlung deines Verlangens verhelfen! Dann kannst du dir von deiner künftigen Ehefrau oder deinem künftigen Ehemann in die Augen schauen lassen und darfst wissen, daß sie die Gesinnung Christi in dir sehen.

Wenn du in dieser so wichtigen Sache Gottes Willen akzeptierst, wird er dich vor viel Leid bewahren. Lehnst du aber seinen Willen ab, öffnest du dich Problemen, die so zahlreich sind wie die Sandkörner am Meeresstrand!

Ich fordere dich nicht auf, um ein Wunder zu beten. Ich informiere dich vielmehr über eine Möglichkeit, die Gott durch Jesus Christus bereits geschaffen hat. Denke einmal über folgendes nach:

1. Gott schuf den Menschen mit heiligem Verlangen. Mann und Frau *wollten* Gott gefallen. Erst als der Mensch sündigte, kam sein Verlangen unter die Autorität böser Mächte.

2. Jesus wurde der zweite Adam und führte ein reines, heiliges, vollkommenes Leben. Es zerbrach die Ketten und machte so für dich und für mich die Verwandlung *unseres* Verlangens möglich! Glaube dies, und du bist auf dem Weg zur Reinigung deiner Gedankenwelt!

Behalte auf diesem Wege folgendes im Gedächtnis:

1. Männer sind so geartet, daß sie glauben, ihre unreinen Gedanken würden durch Frauen verursacht.

2. Frauen sind so geartet, daß sie glauben, ihre unreinen Gedanken würden durch Männer verursacht.

Adam sagte: »Die Frau ... hat mir von dem Baum gegeben.«

Eva sagte: »Die Schlange hat mich verführt.«

Andere Menschen *können* uns in vieles hineinführen, aber sie können uns nur dahin führen, wohin wir *freiwillig* mitgehen. Letztendlich liegt die Verantwortung für *alles*, was wir tun, bei keinem andern als bei uns selbst.

Der menschliche Sinn unternimmt alles, um die Schuld abzustreiten. Sein Ziel ist es, das Gesetz des Schöpfers zu mißachten, ohne die unangenehmen Schuldgefühle ertragen zu müssen. Du kannst dies vielleicht aus deiner eigenen Erfahrung heraus bestätigen. Wenn du dich mit unreinen Gedanken eingelassen hast, hast du wahrscheinlich irgendeine Entschuldigung dafür gefunden. Der Sinn sagt: »Ich bin schuldig, aber ...«, oder: »Ich bin nicht schuldig, weil ...«

6. Die perfekte Affäre

Die Dinge sind auf unserem Planeten Erde in der Regel nicht so, wie wir sie gerne hätten.
Wir würden gerne:
Alles essen, was uns schmeckt, und trotzdem nicht an Gewicht zunehmen, einen Garten anpflanzen und kein Unkraut jäten müssen,
jungen Menschen guten Rat geben und sehen, daß sie diesen auch befolgen, uns des Lebens freuen und nie alt werden,
Geld ausgeben und es trotzdem noch haben,
das Haus so saubermachen können, daß es immer sauber bleibt,
eine Mahlzeit zubereiten, die die ganze Familie gerne ißt,
die Welt zum Bessern hin verändern, ohne etwas zu dieser Veränderung beitragen zu müssen.
Die Welt *muß* verändert werden. Die Menschen *müssen* verändert werden. Wir können uns zwar selbst zu der Überzeugung bringen, daß Veränderungen notwendig sind; aber wir empfinden, daß wir nichts dazu beitragen können. Wie kommen wir eigentlich in derartige Situationen? Indem wir versuchen, die verkehrten Dinge miteinander zu verbinden.
Einem Unternehmen, das einmal recht erfolgreich gewesen war, drohte der Bankrott. Der Geschäftsinhaber ließ eine Kostenanalyse mit Überprüfung der Firmenpraktiken und des Personals durchführen und erfuhr, daß die Ursache bei den Verwandten zu suchen war.
Der Firmenbesitzer hatte nämlich Verwandte als Mitarbeiter eingestellt denen er aber nicht dreinreden und sie auch nicht entlassen wollte. Sie waren es, die die Firma zugrunde richteten. Aber selbst als er wußte, wo das Problem lag, konnte er sich nicht dazu durchringen, das Notwendige zu veranlassen.
Dieser Geschäftsmann versuchte zwei Dinge miteinander zu verbinden: einmal wollte er seinen Verwandten helfen und zum andern wollte er ein erfolgreiches Unternehmen haben. Dies funktionierte jedoch so nicht. Das Geschäft machte pleite. Der

Geschäftsinhaber verlor alles, und seine Verwandten wurden entlassen.

Wenn wir versuchen, unsere Verpflichtung Christus gegenüber mit unserem Verlangen nach unsittlichen Gedanken zu verbinden, schaffen wir eine Kombination, die nicht funktioniert. Gott lädt uns zwar in seine Familie ein, aber er verlangt von uns auch das Streben nach der Ähnlichkeit Jesu. Er weiß immer, in welche Richtung wir uns bewegen. Denken wir doch an den verlorenen Sohn. Als er das Elternhaus verlassen wollte, wurde er von seinem Vater darin auch noch unterstützt. Der Vater gab dem Sohn die Freiheit.

Gott gibt uns die Freiheit zu wählen, welche Richtung wir einschlagen wollen. Es gibt in dieser Welt viel, was getan werden muß; aber wir haben die Freiheit, uns das auszusuchen, was wir tun wollen – oder auch die Freiheit, gar nichts zu tun. Satanische Mächte sind im Angriff. Sie haben sich der Zerstörung jeglicher christlichen Lebensgrundlage verschrieben.

Adolf Hitler sagte, er würde Europa beherrschen. Er wurde nur von wenigen beachtet; die meisten glaubten gar nicht, daß ihm ein derart unmöglich erscheinendes Unterfangen überhaupt gelingen könnte. Doch er hatte den Glauben an sich selbst und beherrschte schließlich den größten Teil Europas. Die anderen Völker ermöglichten Hitler die Erreichung dieses Zieles, indem sie – nichts taten.

Atheistische Mächte sagen, daß sie Amerika jegliches Zeugnis christlichen Glaubens rauben werden. Wird der Heilige Geist in uns das Verlangen entfachen können, uns für die Erhaltung moralischer Werte zu engagieren? Dieser Funke wurde von Jesus entzündet, als er sah, wie die Geldwechsler im Tempel das Volk betrogen. Er rief nicht zum Gebet auf – er brachte etwas in Gang. Die Bibel sagt, daß dieser Zustand seinen Unwillen, seine Entrüstung hervorrief.

Was ruft bei uns Unwillen und Entrüstung hervor? In der Regel ist es etwas, was uns tief im Innern packt, was unsere Gefühle in Wallung bringt. Unser Herz sagt uns dann, daß wir handeln müssen. Jesus wußte das! Deshalb fordert er uns auf, reines Herzens zu sein. Wenn wir Gott gefallen wollen, uns aber noch unreinen Gedanken hingeben, werden wir an die Wand gedrückt – genauso wie jener Geschäftsmann, der seinen Verwandten nicht den Laufpaß geben wollte.

Wir sind rundum von moralischen Problemen umgeben; wenn wir aber selbst sinnliche Gedanken haben, können wir uns nicht zur Tat aufraffen. Dies kann tragische Folgen haben.

Ein Vater sehnt sich danach, seinen Söhnen und Töchtern das aus unmoralischem Verhalten resultierende Unglück zu ersparen. Er möchte sie auffordern, sich von jedem Gedanken zu distanzieren, der sie in unreine Handlungen hineinziehen könnte. Vielleicht liebt er seine Kinder so sehr, daß er zu ihrer Bewahrung gerne sein Leben darangeben würde. Wie ist es aber, wenn der Vater selbst mit sinnlichen Gedanken lebt? Kann er seinen Kindern die notwendige Information geben, wenn er weiß, daß er selbst mit ehebrecherischen Gedanken umgeht? Er kann es nicht! Und er tut es auch nicht. Der Vater leitet seinen Sohn nicht dazu an, reine Gedanken zu denken; und dieser Sohn leitet wiederum seine Söhne nicht dazu an. Schon bald geht Gottes Botschaft verloren, und niemand erinnert sich mehr daran, daß Gott uns mit einem reinen Herz haben will.

Ich sehe einen Schlachtplan für den Leib Christi. Wir können:

1. Gottes Willen für unsere Gedanken erfahren,
2. unseren Sinn so verändern, daß er mit seinem Willen harmoniert,
3. unsere Familien unterweisen,
4. andere ins Wort Gottes einführen,
5. gegen böse Mächte auftreten,
6. Abgeordnete wählen, die sich für eine Gesetzgebung gemäß den Gesetzen Gottes einsetzen,
7. diejenigen Regierungsmitglieder unterstützen, die sittenstrenge Grundsätze vertreten.

Den meisten von uns ist der Gedanke an einen Kriegszustand nicht sympathisch. Wir befinden uns jedoch in der Tat im Kriegszustand. Dieser Tatsache können wir nicht ausweichen. Entweder werden wir vom Bösen angegriffen, oder wir greifen das Böse an; entweder sind wir auf dem Vormarsch, oder wir sind auf dem Rückzug.

Es gab eine Zeit, da hielt sich das Böse in den Hinterhöfen unserer Städte versteckt; heute floriert es hinter überdimensionaler Neonreklame. Früher einmal beschränkte es sich auf fragwürdige Theaterbühnen; heute wird es über die Fernsehkanäle ins Wohnzimmer von Millionen von Menschen geschleust.

Laßt uns die Situation so nehmen, wie sie ist, und sie zum Guten ausnützen. Es ist möglich! Vielleicht warst du schon einmal in einem Gottesdienst, in dem alle Lichter ausgeschaltet wurden und nur eine einzige Kerze brannte. Dieses eine kleine Licht konnte von allen Anwesenden gesehen werden. Mit diesem einen Licht wurden dann noch andere Kerzen angezündet, und bald breitete sich Licht im ganzen Gotteshaus aus.

Du und ich, wir haben das Vorrecht, ein Licht sein zu dürfen. Jesus hat gesagt: »Ihr leuchtet als Lichter mitten unter einem verkehrten Geschlecht.« Wir haben die Freude, der Welt sagen zu können: »Jesus hat meinen Sinn verändert. Er wird auch deinen Sinn verändern, wenn du es ihn tun läßt.« Indem wir dieses Licht an den Nächsten weitergeben, wird es sich inmitten der Finsternis ausbreiten. Wir müssen jedoch stets an das denken, was Jesus gesagt hat: »Wenn das Licht, das in dir ist, Finsternis wird, wie groß ist dann diese Finsternis.«

Ich hoffe, daß unser Licht hell brennt. Ein Stern hat scheinbar nur die Größe eines Kerzenlichts und ist in Wirklichkeit doch millionenmal größer als die Erde! Er sieht nur deshalb so klein aus, weil er so weit entfernt ist. Uns sind keine Grenzen gesetzt in dem, was wir mit unserer scheinbaren Größe tun können! Der ganze Reichtum des Himmels steht uns zur Verfügung!

Im Buch der Offenbarung hat Jesus der Gemeinde zu Ephesus gesagt, daß der »Leuchter« aus ihrer Mitte weggestoßen werde, *wenn sie Gott nicht gehorsam wären*. Wir können gehorsam sein. Wir brauchen nur diesen Funken im Herzen, um alle die Veränderungen vornehmen zu können, die notwendig sind.

Man denke nur einmal an ein Atom; es ist so klein, daß man es mit dem bloßen Auge nicht sehen kann. Und doch vermag es einen Berg in Bewegung zu bringen, wenn seine Kraft freigesetzt wird. Gott hat den Heiligen Geist gesandt, um in uns Kraft freizusetzen. Doch der Heilige Geist ist *heilig* und wirkt nur in einem Herzen, das bereit ist, sich gebrauchen zu lassen.

Du und ich, wir tragen in uns die Fähigkeit, in unsere Welt Veränderung zu bringen. Gott stellt jedem von uns mehr Kraft zur Verfügung, als wir jemals aufbrauchen können! Das Geheimnis: Lassen wir den Geist der Heiligkeit in uns wirken. Wenn sich dein Herz danach sehnt, von Gott gebraucht zu werden, dann lasse deine Gedankenwelt durch ihn Reinigung erfahren.

Jesus hat gesagt: »Wenn ein Reich in sich gespalten ist, kann es keinen Bestand haben« (Markus 3,24). Unser Leben – unser Reich – ist bedroht. Das, was auf dem Spiel steht, sind unsere Ehen, unsere Familien, unsere Kinder, unsere Arbeitsstellen, unsere Freunde, unsere Gesundheit und alles, was uns sonst noch wertvoll ist.

Wie kommen wir nun in eine solche innere Stellung hinein, in der unsere Persönlichkeit in sich gespalten ist? Nachstehend ein Beispiel dafür, wie dies geschehen kann.

Unsere Beine reagieren auf unser Gehirn und tragen unseren Körper von Punkt A zu Punkt B.

Das Gehirn kommt nun unter Alkoholeinfluß.

Der Sinn sagt: »Ich möchte von A nach B.«

Das Gehirn sagt: »Gut, gehen wir.«

Aber das »Haus« ist nun in sich gespalten; es ist nicht mehr in der Lage, seine Funktionen als eine Einheit auszuführen. Ohne die Hilfe des Gehirns sind unsere Beine nicht fähig, sich fortzubewegen.

Unser Verstand möchte vielleicht unsere Ehen, unsere Familien schützen und unseren Gehorsam Gott gegenüber erhalten; aber wenn das Herz den Verstand im Stich läßt, dann haben wir ein in sich gespaltenes Reich.

Du magst vielleicht die gute Absicht haben, die Sicherheit deines jetzigen Lebensstils zu erhalten und vielleicht sogar noch zu verbessern. Du beabsichtigst in keiner Weise, irgendeine Unreinheit oder Torheit zu begehen.

In den Jahren, in denen du unreinen Gedanken nachgabst, sie jedoch nie zu Ende durchdachtest, wuchs das Verlangen deines Herzens nach einer aufregenden sexuellen Begegnung. Die Verwirklichung wurde jedoch durch deinen Verstand verhindert.

Eines Tages begegnest du nun aber doch einem Menschen, der in deinem Innern etwas zur Auslösung bringt. Dieser Mensch ist anders und besitzt eine gewisse magische Eigenschaft, die genau das ist, was du schon immer wolltest. Die Anziehungskraft, die dieser Mensch auf dich ausübt, ist so stark, daß du dich schnell davon überzeugen läßt, daß er von Gott für *dich* geschaffen sein muß. Du würdest ihn nicht so heiß begehren, wenn dir nicht Gott dieses starke Verlangen gegeben hätte ...

Wenn du Glück hast, reagiert der andere auf deine Annähe-

rungsversuche mit den Worten: »Du mußt wohl verrückt sein!«
Wenn du kein Glück hast, sagt er: »Ich empfinde genauso wie
du. Wir müssen uns bald treffen.«

All dieses Zauberhafte, diese Harmonie und dieses Verlangen
versprechen dauerhafte Freude und Erfüllung.

Der Verstand zögert vielleicht und denkt: Wenn aber mein
Mann davon erfährt? Meine Familie würde zerstört. Oder:
Wenn es aber ihr Mann erfährt? Er wird mich vielleicht
umbringen.

Aber das Herz hört darauf nicht. Es hat ein starkes Verlangen,
gerade mit *diesem* Mann zusammenzusein. Es weigert sich, die
Flucht vor der Versuchung in Betracht zu ziehen. Die Vernunft
und der gesunde Menschenverstand machen sich aus dem
Staub, und das innere Verlangen behält die Herrschaft.

Wie lange wird aber dieses bezaubernde Gefühl anhalten, hat
man der Versuchung erst einmal nachgegeben? Das Verlangen
sagt: »Ewig! Dies ist das realste Erlebnis, das du je gemacht
hast.«

Doch höre! Jesus hat gesagt, daß ein in sich gespaltenes Reich
keinen Bestand haben wird. Wenn ein Teil von dir weiß, daß
etwas Bestimmtes verkehrt ist, der andere Teil von dir es aber
dennoch haben will, dann ist das gespaltene Reich vorhanden,
und der Fall wird kommen. Jesu Vorhersage ist bereits zehn-
tausende Male in Erfüllung gegangen. Aber wahrscheinlich
denken Millionen von Menschen, *ihre* Situation sei eine
andere. Ihre unerlaubten Affären seien etwas zu Reines, um
ein tragisches Ende zu nehmen. Doch die Chancen, daß sie
tragisch enden, sind erdrückend hoch. Wenn wir uns auf etwas
einlassen, was wir als falsch erkannt haben, wird unser »Fall«
mit Sicherheit kommen. *Ein* falscher Schritt bereitet den Weg
für den nächsten ... und den übernächsten ...

Es gibt nur eine einzige Lösung: das Verlangen unseres Herzens muß verwandelt werden. Wir müssen alles Notwendige
tun, um unser Verlangen, Gott zu gefallen, zu intensivieren. Er
allein weiß, was uns dauerhafte Freude und beständiges Glück
verschafft. Wir müssen über sein Wort nachdenken – über das,
was es zu den Gedanken, zum Verlangen und zur Phantasie zu
sagen hat. Wir müssen es unserem Herzen immer wieder sagen,
daß der einzige Grund, weshalb wir leben, der ist, unserem
Schöpfer wohlzugefallen. Wenn wir das tun, wird unsere

Entschlußkraft, Gott mehr zu gefallen als unserem eigenen Ich, ständig zunehmen. Dann wird das Reich im Verlangen, in Gedanken, in Zielen und im Streben vereint sein und so bleiben, bis Jesus kommt!

Bewerte dich einmal selbst und stelle dir die Frage: »Kann ich mich dazu verpflichten, die Gesinnung Christi anzunehmen?« Vielleicht sagst du dir: »Das ist zwar ein schönes Ziel, aber für mich kommt es nicht in Frage. Manchen Menschen gelingt es vielleicht, einen reinen Sinn zu haben; aber ich schaffe das nie.« Bedenke doch zwei wichtige Dinge:

1. Gott hat gesagt, daß alle seine Kinder durch Jesus Christus das tun können, was gut ist (Philipper 4,13). Nichts in deiner Situation kann dich daran hindern, diese Verheißung in Anspruch zu nehmen.

2. Gott weiß um unsere Schwächen, aber er gibt uns niemals auf. Er gab auch David nicht auf. Er setzte ihn als König über die stärkste Nation der Welt ein. David hatte alles; aber sein Herz verlangte nach mehr. Dieses Verlangen machte ihn zum Dieb und zum Mörder. Wenn jemals ein Mensch Gott einen Anlaß gab, ihn zu verstoßen, dann war es David. Doch als David Buße tat, da vergab ihm Gott. Später schrieb David die Psalmen, durch die die Menschen seit dreitausend Jahren Hilfe empfangen. Das bedeutet, daß Verfehlungen uns nicht den Zugang zum Gebrauchtwerden von Gott verschließen. Er möchte dich in deinem Verlangen nach einem reinen Sinn zum Erfolg führen und wird sich freuen, wenn du – wie David – den Mut zum Versuch hast!

Wir haben einen großen Gott. Kein Fall ist für ihn zu schwer. Er heilt nicht nur die Kranken, er weckt auch die Toten auf! Das zeigt uns, daß er es sich mit der Beweisung seiner Kraft nicht leichtmacht.

7. Mein Traum

Einmal erlebte ich in einem Traum ein einziges Chaos. Ich wußte, daß ich den Befehl erhalten hatte, zur Armee zurückzukehren; aber ich konnte die schriftliche Benachrichtigung nicht mehr finden und mich auch nicht mehr daran erinnern, wo ich mich zu melden hatte. Es bereitete mir großen Kummer, daß ich nicht einmal mehr den Termin für die Rückmeldung wußte. In meinem Traum trat eine Krise auf, als ich auch meine Armeekleidung nicht mehr finden konnte. Mein Drillichanzug und meine Stiefel waren weg. Ich rannte hin und her und suchte meine Uniform, um irgendwann irgendwo hingehen zu können.

Als ich schließlich erwachte, war es Zeit zum Aufstehen; aber meine Schultermuskeln waren total verkrampft. Auch mein Gesicht war angespannt, und meine Hände bohrten sich in die Matratze.

Was für ein absurder Traum! dachte ich.

Aber dann merkte ich, daß der Traum mich sehr stark beeindruckt hatte und ich wohl etwas daraus lernen sollte. Ich dachte deshalb über alle Einzelheiten nach, konnte jedoch keinen einzigen Anhaltspunkt finden, der auf eine besondere Bedeutung des Traumes hätte schließen lassen.

Ich wandte meine Gedanken dann einigen wichtigen Entscheidungen zu, die ich an diesem Tag zu treffen hatte. Jede dieser Entscheidungen konnte Erfolg oder Mißerfolg wichtiger Aktivitäten bedeuten. Ich wandte deshalb alle Mühe daran, um jeweils zur richtigen Entscheidung zu kommen. Als ich so angestrengt nachdachte, wurde ich von einer inneren Stimme unterbrochen.

»Gerade darum ging es doch in deinem Traum.«

»Wie bitte?«

»Du tust jetzt genau das, was du auch im Traum getan hast.«

»Wie ist das möglich? Im Traum drehte sich doch alles um völlig belanglosen Unsinn. Jetzt aber denke ich an Dinge, die wichtig sind.«

»Du hast heute nur eines zu tun.«

Langsam merkte ich, daß der Heilige Geist mir etwas beibringen wollte.

»Ja, Herr, was ist denn dieses eine, das ich tun soll? Ich habe doch alle diese verschiedenen Entscheidungen zu treffen. Was soll ich denn zuerst tun?«

»Bereite mir Freude. Das ist das einzige, was du zu tun hast.«

Dann herrschte völlige Stille. Ich hatte nun meine Anweisung für den Tag – für die Woche – für die kommenden Jahre. Die Realität dieser Anweisung erfüllte meine Gedanken. Gott Freude zu bereiten war das, was ich zu tun hatte! Alles andere war zweitrangig. Meine Sorge wegen der Entscheidungen, die ich zu treffen hatte, war so unnötig wie die Suche nach meiner Uniform im Traum.

Den ganzen Tag über waren meine Gedanken erfüllt von der Botschaft Gottes. Mein Auftrag, meine Arbeit, meine ganze Pflicht war es, Gott Freude zu bereiten. Sooft ich Spannungen in den Schultermuskeln oder im Gesicht verspürte, wurde ich an meinen Traum erinnert; und Freude durchflutete meinen Sinn. Gott war an der Arbeit, um mein Verständnis von dem zu verändern, was im Wege stand. Ich wollte von Gott gebraucht werden, damit die Welt verändert würde – er wollte *mich* verändern.

In Römer 8,29 steht: »...daß sie gleich sein sollten dem Ebenbilde seines Sohnes« (revidierte Lutherbibel). Das wollte Gott in mir bewirken. Sein Sohn wußte, wozu er auf diese Erde kam. Um die Menschheit zu erlösen? Um die Kranken zu heilen? Um das Heil der Seele zu erwerben? Um gekreuzigt zu werden und aufzuerstehen? Er tat zwar alle diese Dinge, doch sie waren nicht sein einziger Auftrag. Sein Gesamtauftrag war der, Gott wohlzugefallen, ihm Freude zu bereiten.

Wenn ich mir Jesus als gewöhnlichen Menschen vorstelle, wie es alle andern Menschen sind, dann sehe ich ihn kraftlos. Wenn ich mir Jesus so losgelöst von der Menschheit vorstelle, daß er mit uns überhaupt nichts gemeinsam hat, dann kann er doch wohl nicht mein Vorbild sein?

Ich sehe Jesus als einen, der mir das vollkommene Vorbild ist. Er war rein; aber er war bereit, sich allen Versuchungen auszusetzen, denen auch wir ausgesetzt sind.

Auch er wurde versucht, unreine Gedanken zu haben; aber er hatte sie nie! Manche mögen den Gedanken anstößig finden, daß Jesus der Versuchung zum unreinen Denken ausgesetzt war. Doch er wurde in allen Dingen versucht, in denen auch wir versucht werden. Der Unterschied lag in seiner Reaktion! Er wurde versucht, mutlos zu werden; aber er verlor nie den Mut. Wir können lesen, daß wir »gleich sein sollten dem Ebenbilde seines Sohnes«, und wissen, daß es zwischen den von ihm erduldeten Versuchungen und den unsrigen eine Vergleichsmöglichkeit gibt. Wenn uns unser eigenes Versagen einfällt, denken wir vielleicht: Ich könnte nie sündlos in meinem Verlangen sein; weshalb sollte ich mich daher überhaupt erst anstrengen? Doch er ertrug die gleichen Versuchungen; er kann deshalb sehr wohl unser Vorbild sein!

Zu einem bestimmten Zeitpunkt im Leben Jesu bot der Satan das Äußerste auf, um ihn zu versuchen. Der Satan geriet derart in die Klemme, daß er sich bereit erklärte, seinen gesamten Einfluß über alle Erdteile abzugeben. Er war zum Äußersten entschlossen! »Du brauchst nur ein einziges Mal vor mir niederzufallen und mich anzubeten, Jesus, nur eine einzige Sekunde lang, und alles, was ich habe, gehört dir.«

Wenn der Satan jetzt so weit ging, was für Angebote muß er dann Jesus wohl zuvor schon gemacht haben? Doch was für Angebote es auch gewesen sein mochten, nichts führte zum Erfolg. Jesus blieb unser vollkommenes Vorbild.

Das Entscheidende ist: Jesus blieb in seinen Gedanken rein, welcher Art auch immer die an ihn herangetragenen Versuchungen gewesen sein mochten.

Du und ich, wir können verändert werden, sobald wir ein Bild von uns selbst erhalten, das seinem Ebenbild gleichgemacht ist. Er war Mensch genug, um uns als Vorbild zu dienen – und doch auch Gott genug, um ein vollkommenes Opfer zu sein. Durch seinen Tod und seine Auferstehung wurde die Kraft freigesetzt, die wir zur Nachfolge brauchen.

Ich glaube nicht, daß man von einem Menschen vom Augenblick seiner Hinkehr zu Jesus als Erlöser an erwarten kann, daß er sofort reinen Herzens ist! Es geschieht nicht so. Ich glaube auch nicht, daß Gott einem Engel den Auftrag erteilt, einen neubekehrten Christen zusammenzuschlagen, wenn dieser einem falschen Denkmuster verfällt.

Bevor wir Christen wurden, war unser Sinn voller verkehrter Gedanken. Unsere Erinnerungen und Neigungen reflektierten unsere alles-andere-als-vollkommene Natur. Bei unserer Wiedergeburt wurden wir durch die Gnade Gottes vielleicht auf der Stelle von manchen schlechten Gewohnheiten frei; andere jedoch hefteten sich an uns und warteten auf eine Gelegenheit, um unsere Zukunft wieder unter ihre Herrschaft zu bekommen.

Ich habe Gottes große Geduld erfahren und beobachtet. Er liebt uns, vergibt uns und sorgt sich um uns. Es verlangt ihn danach, daß wir heranreifen und die Dinge ablegen, die uns ankleben.

Warum macht er uns denn nicht sofort von allen Versuchungen frei? Weil dieser winzige Moment unsere kurze Gelegenheit ist, den Gehorsam gegenüber Gott zu lernen – wenngleich alles um uns her sagt: »Gehorche doch nicht!«

Wenn wir in Gottes Familie aufgenommen werden, sind wir vielleicht so schwach wie ein eben erst auf die Welt gekommenes Adlerjunges.

Wir haben zwar große Möglichkeiten in uns, aber während unserer Entwicklung brauchen wir noch viel Verständnis und Fürsorge.

Der Skeptiker mag denken, der neubekehrte Christ, in dem er noch Dinge sieht, die alles andere als vollkommen sind, sei ein Heuchler. Wer über junge Adler keinen Bescheid weiß, meint vielleicht, diese müßten doch gleich fliegen können – doch sie können es nicht.

Jemand, der schon monate- oder sogar jahrelang Christ ist, kann immer noch viele Fehler haben und wird vom Skeptiker vielleicht als unglaubwürdig eingestuft. Auch ein junger Adler kann schon so groß sein, daß er Flügel hat, die ihn hoch in die Lüfte tragen könnten; das heißt aber noch lange nicht, daß er auch fliegen kann! Der Laie sagt vielleicht: »Wirf ihn aus dem Nest, dann wird er schon das Fliegen lernen und nicht abstürzen.« Aber er lernt es dadurch nicht! Auf diese Weise lernen Adler nicht das Fliegen. Wenn man das Junge zu früh aus dem Nest stößt, fällt es wie ein Stein nach unten und landet auf dem Kopf.

Tag um Tag sitzt die Adlermutter auf dem Nestrand und schlägt geduldig mit den Flügeln. Der junge Adler beobachtet sie dabei und ahmt ihre Flügelschläge schließlich nach. Klapp, klapp. »Das macht richtig Spaß; aber wozu machen wir das eigentlich?«

Mit der Zeit entwickeln sich in den langen Flügeln Muskeln. Und zum richtigen Zeitpunkt gibt die riesige Adlermutter dem ängstlichen Sprößling einen leichten Stoß, so daß er aus dem Nest fällt. Sie schlägt mit den Flügeln, wie sie es zuvor schon so oft getan hat; und das Kleine macht es ihr nach. Gemeinsam fliegen sie in die Lüfte hinauf.

Der neubekehrte Christ möchte zwar »fliegen«; aber oft möchte er sich nicht der großen Mühe unterziehen, die die Entwicklung geistlicher Muskeln kostet.

Gott kennt unsere Möglichkeiten; und er erinnert uns ständig daran, wer wir sind. Wir spüren es, wenn der Geist in uns sagt: »Diese Gedanken, die du hast, sind nicht gut. Du mußt dich ändern.«

»Aber ich kann mich doch nicht ändern!«

»Doch, du kannst es. Schau dich um. Sieh die Welt, die ich geschaffen habe. Sie ist herrlich. Betrachte die Himmel, sie erzählen dir von meiner Herrlichkeit. Schau eine Blume an: sie spiegelt meine Liebe für Schönheit wider. Ich habe dich zur Reinheit und zum Gutsein geschaffen. Du kannst dich ändern!«

Paulus schreibt: »Wir nehmen alles Denken gefangen, so daß es Christus gehorcht« (2. Korinther 10,5). Er gibt uns hier den neuesten Bericht von dem, was die Urgemeinde zu lernen hatte.

Die Griechen in Korinth lebten meist als Sklaven unter dem Römischen Reich. Sie wußten etwas von Stahl und Schwertern und von Soldaten, die alles kontrollieren. Paulus schildert eine neue Art der Gefangenschaft: festgehalten durch die Liebe Jesu. In Vers 1 sagt er: »Ich ermahne euch angesichts der Freundlichkeit und Güte Christi.«

Den Christen in Korinth stand mit der Aufforderung, die Gesinnung Christi zu haben, keine leichte Aufgabe bevor. Es war in Korinth Sitte, daß man in öffentlichen Gebeten die Götter bat, ihre Prostituierten zu vermehren! Die religiösen Führer verpflichteten sich durch Gelübde, die Anzahl dieser Frauen zu erhöhen; dieses Gewerbe wurde nämlich als religiös erbaulich angesehen. An Menschen mit einer solchen Vergangenheit richtete Paulus seine Aufforderung, rein zu sein in allen Gedanken!

Das Unterordnen unseres Sinnes unter die Kontrolle Christi muß ein freiwilliger Akt sein. Er akzeptiert die Autorität über unsere Gedanken nur dann, wenn *wir* dies wollen. Jesus übt keinen Druck auf uns aus, daß wir unsere Gedanken den seinen gleichmachen sollen! Vielmehr sagt er: »Du bist beunruhigt durch Gedanken, die sich versklavt haben. Ich sage dir aber, daß du frei sein kannst.«

Wie das Adlerjunge, so müssen auch wir die Flügel spannen und spüren, wie es ist, in Gottes Ebenbild geschaffen zu sein. Wir sind für die lichten Höhen geschaffen, wo die Luft frisch und rein ist. Er gibt uns seinen Geist, um uns davon zu überzeugen, daß wir dieses Zieles »Heiligkeit in Herz und Sinn« würdig sind.

Vielleicht schwingen wir uns nicht hoch hinauf in die Sphären der Vollkommenheit, solange wir noch in diesem Fleisch sind; aber wir können wenigstens anfangen, mit unseren Flügeln zu schlagen und unsere Freiheit in Christus zu proklamieren. Wir brauchen uns nicht binden zu lassen von den armseligen Gedanken unreinen Begehrens! Gott hat verkündigt, daß wir die Fähigkeit zur Veränderung in das Ebenbild seines Sohnes in uns tragen!

Wie das Adlerjunge, so haben auch du und ich unser neues Leben hoch oben an hochgelegenen Orten empfangen. Wir wurden für himmlische Wagnisse geboren. Der Geist in uns verlangt nach all dem, was heilig ist. Hast du dieses Verlangen nicht viele Male verspürt?

Unser Fleisch möchte unten in der knechtischen Umgebung bleiben. Es findet Gefallen an dem erdgebundenen Begehren, das scheinbar so viel Genuß verschafft, sich aber doch als so sinnlos erwiesen hat.

Wir sind frei und können fliegen. Jesus ist unser Vorbild. Er sagt, daß wir ihm folgen können. Wenn wir es das erste Mal versuchen, kommt es uns unmöglich vor. Unser Sinn sagt uns vielleicht: »Ich kann es nicht. Ich bin zu sehr Mensch.« Ja, wir sind in der Tat erbärmliche Menschen; aber weil wir Jesus haben, kann es anders bei uns werden. Er hat die Mittel dafür bereitgestellt.

Was geht in *deiner* Gedankenwelt vor sich? Muß sie verändert werden? Wenn ja, dann fange an und unternimm etwas. Schwinge dich empor und laß die unreinen Gedanken hinter dir zurück. Wir sind Geistesmenschen. Wir sind dazu geboren, geistliche Höhen zu erreichen.

Und nun die Lösung des Problems:

GOTTES GESCHRIEBENES WORT

Vielleicht bist du zu der Überzeugung gekommen, daß du zwar meiner Botschaft zustimmst, aber nicht zu sehr daran interessiert bist, dich mit weiteren Schriftstellen zu beschäftigen.

Ich glaube, daß der Heilige Geist mir besondere Hilfe beim Verstehen der folgenden Schriftstellen gegeben hat. Meine Kommentare sind kurz, aber äußerst wichtig.

Sei auf der Hut vor der Gefahr, die Schriftstellen auf den folgenden Seiten nur flüchtig durchzusehen. Wenn das, was ich bisher geschrieben habe, dich auf geistliche Bedürfnisse in deinem Leben hingewiesen hat, dann glaube mir bitte, daß für dich ein *gründliches* Studium von Kapitel 8 unbedingt notwendig ist.

Vielleicht verstehst du am Anfang noch nicht, weshalb es notwendig ist, in diesem Kapitel so viele Schriftstellen aufzuführen. Aber bitte schenke mir Glauben! Geschichten aus dem Leben anderer Leute sind zwar interessant, aber sie haben nicht die Kraft, unser Herz zu verwandeln. Das menschliche Verlangen nach unreinen Gedanken ist so stark, daß nur Gottes Wort uns zu verändern vermag.

Fülle dein Denken mit den Bibelversen in diesem Buch, und du wirst dir einen Sinn bewahren, der frei ist. Mit einem reinen Sinn steht dir die Tür zu einer Vielzahl göttlicher Segnungen weit offen.

8. Die Lösung des Problems

Es gibt Menschen, die lehren, daß wir nur die Verheißungen in der Bibel glauben müssen, um alles bekommen zu können, was wir haben wollen. Gottes Verheißungen *sind* wahr; aber wenn wir seinen Willen mißachten, können wir nicht erwarten, daß er uns die Dinge gibt, die wir haben möchten. Seine Verheißungen sind an die Bedingung unseres Gehorsams geknüpft. Dies ist aus folgenden Schriftstellen klar ersichtlich:

1. Psalm 66,18: »Hätte ich Böses im Sinn gehabt, dann hätte der Herr mich nicht erhört.«

2. Sprüche 1,25.27.28: »Jeden Rat, den ich gab, habt ihr ausgeschlagen... Wenn Not und Drangsal euch überfallen. Dann werden sie nach mir rufen, doch ich höre nicht; sie werden mich suchen, aber nicht finden.«

Es wird uns Gutes einbringen, wenn wir gehorsam sind. Keiner von uns kann vollkommen gehorsam sein; Gott verlangt von uns auch nicht, daß wir vollkommen sind. Aber er warnt davor, daß man seinen Rat »ausschlägt«. Wenn wir uns entschließen, seinen Haß auf die Unmoral zu ignorieren, dann können wir nicht damit rechnen, daß unsere Gebete Erhörung finden.

3. 1. Joh. 3,22: »Alles, was wir erbitten, empfangen wir von ihm, weil wir seine Gebote halten und tun, was ihm gefällt.«

Und nun zum Brennpunkt meiner Botschaft: dem Rezept dafür, wie man so wird, wie Gott uns haben will.

Bitte prüfe die folgenden Schriftstellen gründlich! Wenn wir über diese Verse nachdenken, können wir auf unserer Suche nach reinen Gedanken und Wünschen den Sieg erfahren. Mit diesem Buch möchte ich ein Rezept dafür vorlegen, wie man den Sieg erlangen kann! Jeder Mensch muß begreifen, daß in allem, was Gott gesagt hat, er beabsichtigt, uns zu helfen.

Es gibt noch Hunderte von Versen, die ich in dieses Buch nicht mit aufgenommen habe. Ich wollte genügend Schriftstellen anführen, um aufzuzeigen, wie wichtig für Gott dieses Thema ist – aber auch nicht so viele, daß eine gründliche Prüfung jedes einzelnen Verses nicht mehr vorgenommen wird.

Altes Testament

GENESIS (1. BUCH MOSE)

1,1: Im Anfang schuf Gott...
In diesen vier Worten steckt so viel, daß es für ein ganzes Leben voll reiner Gedanken ausreicht. Jeder Mensch, den wir sehen, ist seine Schöpfung! Ich habe gelernt, auf den Anblick einer attraktiven Frau mit den Worten zu reagieren:»Danke, Herr, für diese schöne Schöpfung!« Mein Lobpreis bewirkt Freude in meinem Herzen. Diese Frau dürfte gerne die Gedanken meines Herzens erfahren, denn sie wurden bereits von Gott gesegnet.

6,5.6: Der Herr sah, daß auf der Erde die Schlechtigkeit des Menschen zunahm und daß alles SINNEN und TRACHTEN (engl. KJV-Bibel: PHANTASIE der GEDANKEN) seines Herzens immer nur böse war. Da reute es den Herrn, auf der Erde den Menschen gemacht zu haben, und es tat seinem Herzen weh.
Eine böse Phantasie und böse Gedanken der Menschen bewirkten in Gott die Reue darüber, daß er die Menschheit überhaupt geschaffen hatte. Allein schon diese Verse sind für uns Grund genug, unsere Gedanken fest im Zaum zu halten.

EXODUS (2. BUCH MOSE)

20,14: Du sollst nicht die Ehe brechen.
Wie jeder liebevolle Vater, so wendet auch Gott seine Güte an, um uns zur Buße zu leiten. Wenn er damit sein Ziel nicht erreicht, muß er oft zu einer korrigierenden Maßnahme greifen, um unsere Aufmerksamkeit zu bekommen.

20,17:...Du sollst nicht nach der Frau deines Nächsten verlangen...
Diese Aussage ist viel stärker, als wenn sie lauten würde:»Du sollst die Frau deines Nächsten nicht *nehmen.*« Gott will damit sagen, daß es uns nicht erlaubt ist, *sie haben zu wollen.* Nur wenn wir das *starke* Verlangen haben, Gott zu gefallen, können wir auch das unter Kontrolle bekommen, was wir haben *wollen.*

LEVITIKUS (3. BUCH MOSE)

Im Alten Testament sandte Gott schwere Gerichte, wenn Unzucht vorhanden war. Die meisten von uns würden lieber zu dem Gott der Gnade fliehen, wie er sich im Neuen Testament offenbart. Es ist jedoch wichtig, daß wir uns ganz neu in Erinnerung rufen, wie Gott sich zu seinen Sittengesetzen stellt. Wenn wir erst einmal ein klares Bild davon haben, können wir viel besser verstehen, weshalb er von uns Reinheit der Gedanken fordert.

20,1.7: Der Herr sprach zu Mose ... Ihr sollt euch heiligen, um heilig zu sein; denn ich bin der Herr, euer Gott. 10. Ein Mann, der mit der Frau seines Nächsten die Ehe bricht, wird mit dem Tod bestraft, der Ehebrecher samt der Ehebrecherin.

NUMERI (4. BUCH MOSE)

Eines der Kinder Israels brachte einmal eine fremdländische Frau ins jüdische Lager und führte sie in sein Zelt.

25,7-11: Als das der Priester Pinhas ... sah, stand er mitten in der Gemeinde auf, ergriff einen Speer, ging dem Israeliten in den Frauenraum nach und durchbohrte beide, den Israeliten und die Frau, auf ihrem Lager. Danach nahm die Plage, die die Israeliten getroffen hatte, ein Ende. Der Herr sprach zu Mose: Der Priester Pinhas ... hat meinen Zorn von den Israeliten abgewendet dadurch, daß er sich bei ihnen für mich ereiferte. So mußte ich die Israeliten nicht in meinem leidenschaftlichen Eifer umbringen.

In diesen Bibelversen wird uns ein dramatisches Bild davon vermittelt, welche Empfindungen Gott hat, wenn seine Gesetze mißachtet werden. Hätte Pinhas keine korrigierende Maßnahme ergriffen, dann hätte Gott vielen Israeliten das Leben genommen. Oft wird es auch für uns notwendig, hinsichtlich unserer Gedanken und Vorstellungen rasch eine korrigierende Maßnahme zu ergreifen. Manche Christen lassen unreinen Gedanken freien Lauf. Dieses Buch soll dabei helfen, die Flut der Unmoral zu bekämpfen, die gegen Herz und Sinn gläubiger Männer und Frauen brandet. Manche Gruppierungen warnen uns vor pornographischen Filmen und pornographischer Literatur; ich glaube jedoch, daß wir mehr erreichen, wenn wir zuerst unser Herz reinigen und uns dann zusammenschließen, um die Welt um uns her zu verändern.

Im Laufe meines Lebens habe ich viele Predigten darüber gehört, daß Christen »heilig« sein sollen. Die Betonung lag jedoch fast ausnahmslos auf äußerlichen Handlungen. Tu das nicht und tu jenes nicht. Sollten wir uns ein Leben lang abmühen müssen in dem Versuch, böse Taten zu vermeiden, während etwas in uns ständig danach *verlangt*, das Böse zu tun? Das Herrliche ist, daß die Bibel die Hilfe enthält, die wir brauchen, um auch ein Gott wohlgefälliges Verlangen zu haben.

DEUTERONOMIUM (5. BUCH MOSE)

5,29: Ach daß sie ein solches HERZ hätten, mich zu fürchten und zu halten alle meine Gebote ihr Leben lang, auf daß es ihnen und ihren Kindern wohlginge ewiglich (revidierte Lutherbibel).

Gottes Verlangen hat sich nicht gewandelt, und seine Verheißungen sind immer noch in Kraft. Wenn wir unser Herz in Einklang mit seinem Willen bringen können, dann wird gemäß Gottes Zusage uns und sogar auch unseren Kindern alles wohlgelingen. Welch eine herrliche Verheißung!

RICHTER

2,14: Es entbrannte der Zorn des Herrn gegen Israel. Er gab sie in die Gewalt von Räubern, die sie ausplünderten, und lieferte sie der Gewalt ihrer Feinde ringsum aus, so daß sie ihren Feinden keinen Widerstand mehr leisten konnten.

Was verursachte Gottes Zorn gegen Israel?

2,12: Sie verließen den Herrn... und liefen anderen Göttern nach.

Die Unmoral ist ein »Gott«, dem wir niemals dienen sollten. Israel war Gottes »auserwähltes Volk«; trotzdem wurde es von seinen Feinden überwältigt, wenn es Gott gegenüber ungehorsam war.

RUTH

3,11: Das ganze Volk in meiner Stadt weiß, daß du ein tugendsames Weib bist.

Ein ganzes Buch der Bibel wurde zu dem Zweck geschrieben, eine tugendsame Frau zu ehren! Welch ein Segen und welch ein Ansporn für uns alle! Wenn wir wollen, daß Gott unsere Häuser, unsere Familien, unsere Arbeit und unsere Gesundheit segnet, dann sollten wir seine Liebe für tugendsames Wesen ehren.

1. SAMUEL

12,24: Nur fürchtet den Herrn, und dient ihm treu und von ganzem HERZEN! Denn ihr seht, welch große Dinge er an euch getan hat.

Gottes Heilsplan ist gut und voller Gnade. Doch wir können die Gabe des ewigen Lebens empfangen und trotzdem noch sehr unvollkommen sein. Gott bittet uns, seine Güte zu bedenken und ihm dann *von ganzem Herzen* zu dienen. Wir können seine Bitte zurückweisen und weiterhin die Gedanken denken, die uns behagen. Dies zu tun kann schwerwiegende Folgen haben. Wir können niemals wissen, um was für Folgen es sich hierbei handeln könnte. Ich habe den Eindruck, daß es oft böse Mächte sind, die die Art dieser Folgen bestimmen! Dies ist ein schrecklicher Weg des Lernens – Gehorsam ist bei weitem der leichtere!

2. SAMUEL

11,2.3: Als David einmal zur Abendzeit von seinem Lager aufstand und auf dem Flachdach des Königspalastes hin und her ging, sah er von dort aus eine Frau, die badete. Die Frau war sehr schön anzusehen. David schickte jemand hin und erkundigte sich nach ihr.

David sah ... und begehrte ... und sein tragischer Fall begann. Männer, nehmt euch dies zu Herzen. David glaubte wahrscheinlich nicht, daß er zu den Dingen fähig wäre, die er letzten Endes dann doch tat. Das Problem lag natürlich nicht darin, daß er Batseba zufällig sah, sondern darin, daß er seine Gedanken nicht unter Kontrolle hatte.

1. KÖNIGE

11,1.4: König Salomo liebte neben der Tochter des Pharao noch viele andere ausländische Frauen ... *Als Salomo älter wurde, verführten ihn seine Frauen zur Verehrung anderer Götter.*

Wenn wir in unserem Verlangen nach verkehrten Gedanken verharren, wird unser Herz von Gott losgelöst. Dies geschieht ganz allmählich und so unmerklich, daß uns vielleicht gar nicht bewußt wird, was in unserem Innern vor sich geht. Selbst Salomo – der weiseste Mann, der je gelebt hat – erkannte nicht, daß sein Herz von Gott abwendig gemacht wurde.

1. CHRONIK

16,29: Bringt dar dem Herrn die Ehre seines Namens, spendet Opfergaben, und tretet vor ihn hin! In heiligem Schmuck werft euch nieder vor dem Herrn.

Zwei der angenehmsten Opfergaben, die wir Gott darbringen können, sind ein reines Herz und ein reiner Sinn. Diese Opfergaben können ihm alle bringen: die Ärmsten, die Gefangenen und auch jene, die ans Bett gefesselt sind. Kein Gott dargebrachter Dienst – wie groß und bedeutend er auch sein mag – kann sich mit dem Dienst eines Herzens messen, das die Schönheit der Heiligkeit Gottes widerspiegelt. Keiner von uns ist vollkommen; aber *Gott weiß es,* wenn wir unser Bestmögliches dazu beitragen, daß sein Geist unsere Gedanken beherrschen kann. Das Tragische ist, daß viele gläubige Männer und Frauen um die Verwerflichkeit ihrer Gedanken wissen und doch keine ernsthafte Anstrengungen unternehmen, sich zu ändern.

29,1.3.9: Darauf wandte sich König David an die ganze Versammlung ... Aus Liebe zum Haus meines Gottes spende ich ... Das Volk freute sich über diese Freigebigkeit; denn sie hatten mit ungeteiltem Herzen willig für den Herrn gespendet.

Wenn wir fest davon überzeugt sind, daß Gott Menschen zu

seiner Wohnung macht, dann fangen wir auch damit an, diese Wohnung als die seinige zu ehren. Wir bringen diese Ehre bereitwillig und mit Freuden dar.

ESRA

7,23: Alles, was der Gott des Himmels befiehlt, soll man mit frommem Eifer liefern für das Haus des Gottes des Himmels. Gott hat wiederholt darauf hingewiesen, daß sein Haus mit großer Sorgfalt gebaut werden muß. Nun errichtet ja Gott sein Haus im Herzen all derer, die seinen Sohn als Heiland annehmen. Wenn wir also den Nutzen aus dem Heil durch Christus in Anspruch nehmen, dann müssen wir auch die Pflicht akzeptieren, für Gottes Wohnung Sorge zu tragen. Er hat uns wiederholt gesagt, daß die Gedanken und das Verlangen unseres Sinnes *seinem Wohnort* entsprechend heilig sein müssen.

9,6: Mein Gott, ich schäme mich und wage nicht die Augen zu dir, mein Gott, zu erheben. Denn unsere Vergehen sind uns über den Kopf gewachsen; unsere Schuld reicht bis zum Himmel.
Die Kinder Israel sahen die Männer und Frauen der heidnischen Völker und wollten sie haben. Esra schämte sich dessen, was er sah. Als Christen sollten auch wir uns zutiefst schämen über all dem, was heute getrieben wird. Die Unmoral steht in voller Blüte.

ESTHER

1,10-12: Als König Artaxerxes . . . vom Wein angeheitert war, befahl er . . . den sieben Hofbeamten . . . die Königin Waschti . . . vor ihn zu bringen, damit das Volk und die Fürsten ihre Schönheit bewunderten; denn sie war sehr schön. Aber die Königin Waschti weigerte sich . . . zu kommen. Da wurde der König erbost, und es packte ihn großer Zorn.
Männer haben die Idee akzeptiert, daß eine Frau, wenn sie in ihrer äußeren Erscheinung sehr schön ist, ihre Wünsche und Bedürfnisse befriedigen könne. Diese Idee hat sich als falsch erwiesen; trotzdem wird sie von der Männerwelt weiterhin geglaubt.

Aber auch der gutaussehende, flotte Mann kann großes Herzeleid in das Leben einer Frau bringen.

HJOB

24,15.18: Auch des Ehebrechers Auge achtet auf Dämmerung. Kein Auge, sagt er, soll mich erspähen!, eine Hülle legt er aufs Gesicht. ... verflucht ist ihr Anteil auf Erden.
Was ist dieser »Anteil«, der unter Gottes Fluch kommen kann? Es kann unser Anteil an *irgend etwas* sein! Es kann zum Beispiel die Gesundheit unserer Familie oder unser Unterhalt sein. Damit ist jedoch ganz sicher nicht gemeint, daß Gott auf einen Teil unseres Lebens den Fluch legt, sooft wir in Schwierigkeiten geraten! Doch zu oft wird Gott nur als ein Gott der Liebe dargestellt. Ganz gewiß ist seine Liebe weit größer, als wir es jemals begreifen können; aber auch seine Gerichte sind ein Teil seines Wesens. Dies müssen wir erkennen.

PSALMEN

10,1: Herr, warum bleibst du so fern, verbirgst dich in Zeiten der Not?
Wenn unsere Gedanken unrein sind, scheint Gott in unseren Gebeten »so fern« zu sein. In Zeiten der Not rufen wir zu ihm um Hilfe, und es will uns scheinen, daß er uns nicht hört.

10,4: Überheblich sagt der Frevler: » ... Es gibt keinen Gott.« So ist sein ganzes DENKEN.
Gott möchte jedoch unser ganzes Denken beherrschen.

14,2.3: Der Herr blickt vom Himmel herab auf die Menschen, ob noch ein Verständiger da ist, der Gott sucht. Alle sind sie abtrünnig und verdorben (unrein), keiner tut Gutes, auch nicht ein einziger.
Gott muß das Herz gebrochen sein, als er dieses vernichtende Urteil über die Menschen aussprechen mußte. Auch heute noch hält er Ausschau nach einem, der »verständig« ist. Ich zum Beispiel bin einer, der nur sehr schwer dazulernt.

19,15: Laß die Reden meines Mundes und das SINNEN

meines Herzens wohlgefällig vor dir sein, Jehova, mein Fels
und mein Erlöser (Elberfelder Bibel).
Das Sinnen meines Herzens *ist* wichtig, wenn seine Stärke für
uns wirksam werden soll.

23,1: Der Herr ist mein Hirte, nichts wird mir fehlen.
Über diesen Vers können faszinierende Predigten gehalten
werden; manche legen den Schwerpunkt jedoch nur auf die
Worte »nichts wird mir fehlen«. Es wird betont, daß wir mit
Jesus als unserem Heiland keinen Mangel an irgend etwas
haben. Es wird dann ausgeführt, daß wir keinen Mangel zu
haben brauchen an Gesundheit, Reichtum, Erfolg, Popularität
oder an irgend etwas anderem Guten. Ich weiß, daß diese Art
der Verkündigung großen Anklang findet. Jeder Mensch
möchte gern ein Teil dessen sein, was so vielversprechend ist.
Der Psalmist sagt zunächst, daß der Herr *sein Hirte* ist. Für ihn
bedeutet dies, daß er dem Herrn folgt, wie ein Schaf dem
Hirten folgt. Er weiß deshalb, daß er nie Mangel leiden wird.
Was die meisten von uns wollen, ist dies: Wir möchten *tun*
können, was wir wollen, möchten aber trotzdem *haben,* was wir
wollen. Mit anderen Worten: Wir möchten die Segnungen der
Nachfolge Jesu haben, *ohne* ihm gehorchen zu müssen. Zur
Zeit Davids war es allgemein üblich, ein Schaf, das nicht folgen
wollte, an Disziplin zu gewöhnen. Diese Erziehung zur Disziplin bestand oft darin, daß dem Schaf ein Bein gebrochen
wurde. Solange es nicht mehr gehen konnte, wurde es vom
Hirten getragen. War der Knochenbruch dann schließlich
geheilt, hatte sich das Schaf so an den Hirten gewöhnt, daß es
nun sein ganzes Leben lang dicht an der Seite des Hirten blieb.
Es bringt uns nur Schaden, wenn wir meinen, wir könnten stets
all das von Gott erhalten, was wir haben möchten, und trotzdem
die Dinge tun, die er verboten hat. Gott züchtigt die Menschen,
die er liebt, stets nur zu ihrem eigenen Vorteil. Er weiß, daß auch
wir wie Schafe ganz in der Nähe des Hirten bleiben müssen,
damit er uns allezeit beobachten und schützen kann. Tun wir das
nicht, werden wir bald von den Wölfen verschlungen.

24,3.4: Wer darf hinaufziehn zum Berg des Herrn, wer darf
stehn an seiner heiligen Stätte? Der reine Hände hat und ein
lauteres Herz.

Jede Bemühung, Zutritt zu seiner »heiligen Stätte« zu erhalten, ist zum Scheitern verurteilt, wenn wir uns nicht nach einem reinen Herzen ausstrecken.

Jeder Christ kann in ganz realer Weise in Gottes Gegenwart treten; unsere Sünden bewirken keine vollständige Trennung. Dank sei dem Herrn dafür! Sünden jeder Art können jedoch eine enge Gemeinschaft mit Gott verhindern und Gebetserhörungen aufhalten.

Jesus sagt, daß er und der Vater stets innige Gemeinschaft miteinander haben – nicht deswegen, weil er der Sohn ist, sondern weil »ich immer das tue, was ihm gefällt« (Johannes 8,29).

Jesus macht einen Unterschied zwischen »Jüngern« und denen, die *wirklich* seine Jünger sind. Er sagt: »Wenn ihr in meinem Wort bleibt, seid ihr wirklich meine Jünger« (Johannes 8,31). Welch ein Segen wäre es, wenn Jesus im Blick auf jeden einzelnen von uns sagen könnte: »Dieser ist wirklich mein Jünger«!

139,23.24: Erforsche mich, Gott, und erkenne mein Herz, prüfe mich, und erkenne mein DENKEN! Sieh her, ob ich auf dem Weg bin, der dich kränkt.
Jetzt ist eine gute Zeit, um diesen Vers als Gebet zu wiederholen.

SPRICHWÖRTER (SPRÜCHE)

1,10: Mein Sohn, wenn dich Sünder locken, dann folg ihnen nicht.
Angehörige des anderen Geschlechts wollen uns oft »locken«.

4,14: Betritt nicht den Pfad der Frevler, beschreite nicht den Weg der Bösen.
Böse Menschen sagen, ihr Lebensstil sei angenehmer und befriedigender als der von Gott gebotene Weg. Wenn wir uns aber ihr Leben einmal näher anschauen, ist klar zu erkennen, daß sie in ihrem persönlichen Leben alles andere als glücklich sind.

5,3.4: Die Lippen der fremden Frau triefen von Honig, glatter als Öl ist ihr Mund. Doch zuletzt ist sie bitter wie Wermut, scharf wie ein zweischneidiges Schwert.

Unser *Fleisch* sehnt sich oft nach den Dingen, die – wie unser *Geist* weiß – nur Probleme mit sich bringen. Gott weist uns warnend darauf hin, daß sich Dinge, die süß wie Honig duften, oft als bitter herausstellen.

6,23-27: Eine Leuchte ist das Gebot und die Lehre ein Licht, ein Weg zum Leben sind Mahnung und Zucht. Sie bewahren dich vor der Frau des Nächsten, vor der glatten Zunge der Fremden. Begehre nicht in deinem HERZEN ihre Schönheit, laß dich nicht fangen durch ihre Wimpern. Einer Dirne zahlt man bis zu einem Laib Brot, die Frau eines andern jagt dir das kostbare Leben ab. Trägt man denn Feuer in seinem Gewand, ohne daß die Kleider in Brand geraten?

Wie vielen Männern wurden die obigen Worte schon vorgelesen, und doch sind sie schließlich »in Brand geraten«.

Männer und Frauen akzeptieren nur mit Widerwillen die Tatsache, daß verkehrte Gedanken allzu oft zu offenkundigen Handlungen führen.

6,32.33: Wer mit einem Weibe Ehebruch begeht, ist unsinnig; wer seine Seele verderben will, der tut solches. Plage und Schande wird er finden, und seine Schmach wird nicht ausgelöscht werden (Elberfelder Bibel).

Unsere Seele ist eine kostbare Gabe von Gott, die verdorben werden kann. Sie ist Gottes Worten gegenüber empfindsam; wir können ihre Gesundheit erhalten, indem wir die Dinge tun, die Gott gesegnet hat.

12,5: Die GEDANKEN der Gerechten trachten nach Recht.

Wir haben die Möglichkeit, unsere Gedanken in Übereinstimmung mit Gottes Willen zu bringen.

15,15: Der Frohgemute hat ständig Feiertag.

Haben wir erst einmal mit dem Prozeß der Reinigung unseres Herzens durch das Wort Gottes begonnen, wird das Herz »frohgemut«. Das Leben erhält eine neue Freude.

Als ich die Gedanken, die unrein waren, von mir hinaustat,

beobachtete ich eine Veränderung an mir. Wenn ich manchmal die Straße entlangging, konnte es geschehen, daß ich plötzlich eine freudige Erregung empfand. Aus mir heraus sprudelte mit einem Mal eine mir bisher unbekannte Freude. Oft hätte ich am liebsten ausgerufen: »O Herr, ich bin ja so glücklich.«

15,26: Die GEDANKEN des Gottlosen sind dem Herrn ein Greuel (wörtlich zitiert nach der englischen KJV-Bibel).
Dies zu wissen und zu verstehen ist eine ausgezeichnete Motivation für die Aufnahme reiner Gedanken.

21,10: Das VERLANGEN des Frevlers geht nach dem Bösen.
Achte darauf, welchen Wert Gott dem »Verlangen« beimißt. Er möchte, daß unser Verlangen gut ist. Dies ist eine hohe Berufung.

23,6.7: Iß nicht das Brot (habe keine Gemeinschaft) mit dem, der ein böses Auge hat. Denn wie er in seinem Herzen DENKT, so ist er (wörtlich zitiert nach der englischen KJV-Bibel).
Vielleicht denkst du: Ich habe zwar verkehrte Gedanken; aber ich würde die Gedanken, die ich habe, doch nie ausführen. Gott sagt aber, daß wir so *sind,* wie wir denken! Er bewertet unsere Gedanken als ganz realen Teil der Person, die wir *sind.*

24,9: Der GEDANKE der Torheit ist Sünde (wörtlich zitiert nach der englischen KJV-Bibel).
Manchmal sind die unreinen Gedanken der Menschen absurd. Sie stellen sich vor, sie hätten eine Beziehung zu Leuten wie Filmstars und Titelbildschönheiten. Sie wissen, daß es nie zu einer persönlichen Begegnung kommen wird und meinen deshalb, sie würden mit diesen Gedanken ja keinem schaden. Doch Gott stuft diesen Mißbrauch der Phantasie als Torheit ein.

KOHELET (PREDIGER)

2,9-11: Ich war schon groß gewesen, doch ich gewann noch mehr hinzu, so daß ich alle meine Vorgänger in Jerusalem übertraf... Und was immer meine Augen sich wünschten, verwehrte ich ihnen nicht. Ich mußte meinem Herzen keine einzige Freude versagen... Das Ergebnis: Das ist alles Windhauch und Luftgespinst. Es gibt keinen Vorteil unter der Sonne.

Welch einen Überfluß muß er doch gehabt haben!

Jemand mag sagen: »Wenn ich nur jene Frau (oder jenen Mann) haben könnte, dann wäre ich glücklich.« Doch die Erlangung solch begehrlicher Ziele hat oft einen gequälten Geist zur Folge.

Manche sind der Ansicht, daß mit zunehmendem Alter die Versuchung zu unreinen Gedanken abnimmt. Manchmal trifft jedoch gerade das Gegenteil zu. Mit zunehmendem Alter meint der Mensch nämlich oft, er lebe am Leben vorbei.

»Alles ist Windhauch...« Nichts auf dieser Erde kann wirklich befriedigen. Jesus sagt: »Ich bin der Weg.«

Manche Erfahrungen vermitteln zwar ein gewisses Glücksgefühl; aber Gefühle sind etwas Wechselhaftes und stimmen uns am Ende vielleicht noch unglücklicher als zuvor. Gott rät uns, an erster Stelle seinen Willen zu suchen; dann wird er für die Befriedigung unserer Wünsche Sorge tragen. Er hat mir dafür schon so viele Male Beweise geliefert, daß ich allmählich lerne, ihm Glauben zu schenken.

HOHESLIED

8,7: Böte einer für die Liebe den ganzen Reichtum seines Hauses, nur verachten würde man ihn.

In jedem von uns steckt das Bedürfnis nach Liebe, das sich weder mit materiellem Besitz noch mit Sex befriedigen läßt. Ich habe mit vielen Männern gesprochen, die oft jene berüchtigten Häuser aufgesucht haben. Sie berichteten, daß sie oft einen Ekel vor sich selbst empfanden, wenn sie diese Einrichtungen wieder verließen.

Unmoralische Beziehungen zwischen Menschen, die echte Liebe suchen und spüren, daß sie einander wirklich lieben, führen stets zu Ressentiments, Spannungen und oft zu tief verwurzelter Bitterkeit. Als Gott uns mit der Fähigkeit zur Liebe erschuf, verband er diese mit unserem Gehorsam seinem Willen gegenüber. Ignorieren wir seinen Willen, dann verwandelt sich diese kostbare Gabe der Liebe in einen Trieb niedriger Emotionen.

JESAJA

55,7: Der Gottlose lasse von seinem Wege und der Übeltäter von seinen GEDANKEN und bekehre sich zum Herrn, ... denn bei ihm ist viel Vergebung (revidierte Lutherbibel).
Manche haben noch nie gehört, daß ihre Gedanken rein gemacht werden können. Ich möchte Christen zum Erkennen der großen Möglichkeit verhelfen, die wir in Christus haben. Wenn wir selbst verändert werden, können wir uns daran beteiligen, unserem ganzen Volk die Reinigung zu bringen.

55,8: Meine GEDANKEN sind nicht eure GEDANKEN, und eure Wege sind nicht meine Wege – Spruch des Herrn.
Vielleicht begreifen wir nicht, weshalb Gott so sehr an den geheimen Vorgängen in unserem Sinn interessiert ist; doch er möchte *unsere Gedanken* im Einklang mit den *seinigen* sehen.

59,2.7: Eure Sünden verdecken sein Gesicht. Ihre GEDANKEN sind GEDANKEN des Unheils.
Unsere Gedanken können uns buchstäblich von Gott trennen. Wie sehr wünsche ich mir, daß ich dies schon vor Jahren gewußt hätte!

JEREMJA

4,14: Wie lange noch wohnen in dir deine frevelhaften GEDANKEN?
Frage dich selbst: »Wie lange lasse ich schlechte Gedanken in meinem Herzen wohnen?« Gedanken »wohnen« so lange in uns, solange wir sie gerne bei uns aufnehmen.

6,19: Höre es, Erde! Schon bringe ich Unheil über dieses Volk als die Frucht seiner bösen GESINNUNG. Denn auf meine Worte haben sie nicht geachtet.
Gott hat versprochen, daß wir die Frucht unserer Gesinnung, unserer Gedanken empfangen werden. Und er hält sein Wort.

KLAGELIEDER

1,8: Schwer gesündigt hatte Jerusalem, deshalb ist sie zum Abscheu geworden. Alle ihre Verehrer verachten sie, weil sie ihre Blöße gesehen.

Wenn Gott eine anstößige Situation schildern will, dann vergleicht er sie mit einer Frau, der man die Kleider heruntergerissen hat und die nun nackt dasteht. Wenn ein Mann eine Frau auch nur in Gedanken entkleidet, bringt er damit in Gottes Augen Schande über sie!

EZECHIEL (HESEKIEL)

8,12: Und er sprach zu mir: Hast du gesehen, Menschensohn, was die Ältesten des Hauses Israel im Finstern tun, ein jeder in seinen BILDERKAMMERN? denn sie sagen: Jehova sieht uns nicht (Elberfelder Bibel).

Wenn wir es für notwendig halten, unsere Phantasiebilder geheimzuhalten, dann lassen wir sie damit »im Finstern«.

11,5: Da überfiel mich der Geist des Herrn, und er sagte zu mir: Sag: So spricht der Herr... Ich weiß sehr gut, was ihr im SINN hattet.

Halt einmal inne... Denke darüber nach, wie sorgfältig Gott auf das achtet, was wir in unserem Sinn haben.

16,29.30: Immer mehr Unzucht hast du getrieben... Wie fiebert dein Herz – Spruch Gottes, des Herrn –, weil du all das getan hast.

In unserem Herzen – wo unser Verlangen lebt – wohnen die Entscheidungen, die wir morgen treffen.

22,30: Da suchte ich unter ihnen einen Mann, der eine Mauer baut oder für das Land in die Bresche springt und mir entgegentritt, damit ich es nicht vernichten muß.

Sehr gefragt sind heute Christen, die vor Gott »in die Bresche springen«, damit er das Land nicht vernichte. Wir können unsere Familien vor der Zerstörung bewahren, indem wir unsere Gedanken reinigen.

33,31: Ihr Mund ist voll von Liebesbeweisen... und hinter ihrem Gewinn läuft ihr Herz her (revidierte Lutherbibel).

Es mag schwer zu verstehen sein, weshalb Gott so sehr gegen die Gewinnsucht ist. Wir mögen denken: Ich habe doch nicht vor, mir etwas zu *nehmen,* was mir nicht gehört. Welchen Schaden richte ich schon an, wenn ich es nur *begehre?*

Es sind hierin jedoch Prinzipien enthalten, die Gott besser versteht als wir. Der Satan *begehrte* zum Beispiel den Thron Gottes und verursachte dadurch einen großen Aufruhr im Himmel. Der Satan *begehrte* auch die Beherrschung der Erde und gebrauchte seine Macht dazu, die Menschheit ins Verderben zu stürzen. Eva *begehrte* die Erkenntnis Gottes und wurde ihm deshalb ungehorsam.

Wenn der Mensch etwas begehrt, was ihm nicht gehört, dann stehen die Chancen hoch, daß er eines Tages danach greift und es sich *nimmt.* Gott hat seinen Willen kundgetan. »Wenn es dir nicht gehört, dann laß in deinem Herzen nicht das Verlangen aufkommen nach dem, was einem anderen gehört.«

DANIEL

Im Blick auf die Endzeit sagt Daniel:

12,10: Viele werden sich reinigen und weiß machen (Elberfelder Bibel).

Gott sagt hier voraus, daß mit Herannahen des Endes dieser Welt viele seine Kinder sich reinigen werden. Gerade jetzt, während du dieses Buch liest, ruft dich der Heilige Geist auf, in deinen Gedanken rein und lauter zu werden. Gott hat dies verheißen, und du und ich, wir haben das Vorrecht, an der Erfüllung dieser Verheißung teilzuhaben.

HOSEA

4,12: Der Geist durch Unzucht führt es (das Volk) irre.

Es gibt einen Geist, der Männer und Frauen dahingehend beeinflußt, daß sie sich an schlechten Gedanken ergötzen. Es handelt sich um eine gewaltige Macht, deren Ziel es schließlich ist, Gottes Willen für sein Volk zu bekämpfen. Kommen wir erst einmal unter diesen Einfluß, wird es schwierig für uns, die

Freiheit wiederzuerlangen. Doch Jesus gibt jedem von uns die Kraft, die wir brauchen, um unsere Befreiung zu proklamieren.

JOEL

2,27: Mein Volk braucht sich nie mehr zu schämen.
3,1: Danach aber wird es geschehen, daß ich meinen Geist ausgieße über alles Fleisch. Ich werde wunderbare Zeichen wirken am Himmel und auf der Erde.
Wenn wir Grund haben, uns »zu schämen« für das, was sich in den Geheimwinkeln unseres Sinnes aufhält, dann haben wir auch allen Grund, die Hilfe des Heiligen Geistes zu suchen.
Teil der Vorbereitung auf die letzten Tage mit ihren »wunderbaren Zeichen« ist die *Veränderung* von Gottes Volk durch seinen Geist.

AMOS

5,15: Haßt das Böse, liebt das Gute.
Leider pflegen manche Christen das unreine Denken und halten dieses noch nicht einmal für böse. Der Sache wird aus dem Wege gegangen, man kehrt sie unter den Teppich und läßt sie dort im Frieden ruhen.

OBADJA

1,3: Dein vermessener Sinn hat dich betört.
Es ist leicht, in unserem Leben alten Gewohnheiten die Herrschaft zu überlassen. Wenn wir von unserem *eigenen Sinn* betört werden, lassen wir uns nur schwer davon überzeugen, daß wir eine Veränderung nötig haben!

JONA

1,2: Geh nach Ninive ... und droh ihr (das Strafgericht) an! Denn die Kunde von ihrer Schlechtigkeit ist bis zu mir heraufgedrungen.
Ungehorsam entgeht nicht Gottes Aufmerksamkeit.

NAHUM

1,2.6: Der Herr ist ein eifernder... Gott... Wer kann vor seinem Zorn bestehen...? Was wollt ihr ERSINNEN wider den Herrn?

»Der Herr ist ein eifernder Gott.« Es ist gefährlich, das zu mißbrauchen, was er geschaffen hat. In der ganzen Heiligen Schrift hebt Gott wiederholt hervor, daß der Mißbrauch von Sex ihm ein besonderes Ärgernis ist. Wird Sex jedoch in der richtigen Weise praktiziert, so hat der Mensch dadurch Teil am göttlichen Schöpfungsakt. Diese Erfahrung ist so heilig, daß Gott darin unbedingte Übereinstimmung mit seinem Willen fordert. Vielleicht ist ihm deshalb die Homosexualität ein solcher Greuel. Im Alten Testament brachte er alle Männer, alle Frauen und alle Kinder in den Städten um, die öffentlich die Homosexualität praktizierten. Sein Wort sagt, daß er darüber »voll Zorn« ist.

HABAKUK

2,9: Weh dem, der begehrt (wörtlich zitiert nach der englischen KJV-Bibel).
Wir dürfen *nie* etwas begehren. Seine Herrschaft ist keinem Wandel unterworfen.

ZEFANJA

2,3: Sucht Gerechtigkeit... Vielleicht bleibt ihr geborgen am Tag des Zornes des Herrn.
Die Wunder der Wissenschaft machen es möglich, daß sich die Unmoral weltweit verbreiten kann. Hand in Hand damit gehen jene wissenschaftlichen Errungenschaften, durch die die totale Vernichtung ermöglicht worden ist. Gott führt vielleicht schon bald eine Entfesselung dieser Gewalten herbei. Mehr als zu irgendeinem anderen Zeitpunkt in der Geschichte ist es heute für uns wichtig, »Gerechtigkeit zu suchen«.

3,1: Weh der widerspenstigen, befleckten... Stadt (revidierte Lutherbibel).
Wir können prüfen, ob unsere Gedanken »befleckt« sind.

Wenn wir in unserer Phantasie sexuelle Unmoral praktizieren, dann sind wir in Gottes Augen befleckt.

Ein kleines Kind fragt, warum die Erwachsenen wegen beschmutzter Kleidung so viel Aufhebens machen. Christen, die sich nicht ändern wollen, verstehen vielleicht auch nicht, warum *Gott* wegen unreiner Gedanken so viel Aufhebens macht.

HAGGAI

1,6: Ihr sät viel und erntet wenig; ihr eßt und werdet nicht satt; ihr trinkt, aber zum Betrinken reicht es euch nicht; ihr zieht Kleider an, aber sie halten nicht warm, und wer etwas verdient, verdient es für einen löcherigen Beutel.

In diesem Vers wird eine Vielzahl von Problemen erfaßt! Man arbeitet und erreicht doch nichts. Man ißt und wird nicht satt. Man trinkt und will immer noch mehr. Man hat Kleidung und ist doch der Meinung, man habe »nichts anzuziehen«. Man verdient Geld und sieht doch nicht viel davon. Was ist die Ursache dieser Probleme? Gott spricht: »Überdenkt eure Wege.«

Neues Testament:

MATTHÄUS

5,8: Selig, die ein reines Herz haben.

Gedanken, Wünsche und Vorstellungen haben ihren Ursprung in unserem Herzen und sind deshalb Ausdruck des Reinheitsgrades, der in unserm Innern herrscht.

6,23: Wenn aber dein Auge böse ist, so wird dein ganzer Leib finster sein (revidierte Lutherbibel).

Unsere Augen reflektieren die Wünsche unseres Herzens. Wenn wir unsere Augen zur Stimulierung unserer bösen Gedanken gebrauchen, versetzen wir unseren gesamten Leib in geistige Finsternis.

22,37.38: Du sollst den Herrn, deinen Gott, lieben mit

ganzem Herzen, mit ganzer Seele und mit ALLEN DEINEN GEDANKEN. Das ist das wichtigste und erste Gebot.

Denke bitte daran, welch hohe Priorität Gott dem eingeräumt hat, was in unseren Gedanken geschieht.

Gott hat klar und deutlich ausgesprochen, was sein Wille für den menschlichen Sinn ist. Wenn wir uns an ehebrecherischen Gedanken ergötzen, dann lieben wir ihn nicht mit unserem ganzen Denken.

23,27.28: Ihr seid gleichwie die übertünchten Gräber, welche auswendig hübsch scheinen, aber inwendig sind sie voller Totengebeine und lauter Unrat! (Nicht sittlich rein). So auch ihr: von außen scheinet ihr vor den Menschen fromm, aber inwendig seid ihr voller Heuchelei und Übertretung (Unreinheit) (revidierte Lutherbibel).

Was bieten wir doch alles auf, um »vor den Menschen fromm zu scheinen«! Die meisten von uns haben das starke Verlangen, vor den andern als ehrliche, zuverlässige und vertrauenswürdige Menschen zu erscheinen. Ein guter Ruf ist uns etwas sehr Wertvolles. Jesus sagt jedoch, daß wir uns viel mehr um das Gedanken machen sollen, was innen in unserem Herzen vor sich geht. Nehmen wir einmal an, alle unsere Bekannten könnten jeden einzelnen unserer Gedanken lesen – was würden sie wohl von uns halten?

MARKUS

4,19: Die Gier nach all den anderen Dingen... ersticken es (das Wort), und es bringt keine Frucht.

Wenn wir auf der Gier beharren, kann unser geistliches Leben zum Ersticken kommen.

LUKAS

12,2: Nichts ist verhüllt, was nicht enthüllt wird, und nichts ist verborgen, was nicht bekannt wird.

Die Gedanken, die wir jetzt im geheimen haben, werden eines Tages allen bekannt sein. Dies ist eine der »Verheißungen« Gottes.

16,15: Gott kennt euer HERZ. Denn was die Menschen für großartig halten, das ist in den Augen Gottes ein Greuel.

Unsere äußere Erscheinung kann alle Merkmale der Frömmigkeit aufweisen; aber Gott sieht das Herz an.

24,38: Und er (Jesus) sprach zu ihnen: Was seid ihr so erschrocken, und warum kommen solche GEDANKEN in euer Herz?

Gedanken jeder Art kommen aus unserem Herzen, und Jesus macht uns dafür verantwortlich.

JOHANNES

3,20: Jeder, der Böses tut, haßt das Licht und kommt nicht zum Licht, damit seine Taten nicht aufgedeckt werden.

Diejenigen, die unreine Gedanken denken, möchten nicht, daß ihre Angehörigen oder Freunde erfahren, was sie denken, damit ihre »Taten nicht aufgedeckt werden«.

3,21: Wer aber die Wahrheit tut, kommt zum Licht, damit offenbar wird, daß seine Taten in Gott vollbracht sind.

Dieser Mensch wäre völlig gelassen, wenn seine Gedanken auf eine Leinwand projiziert würden; denn er hat bereits bedacht, daß *Gott* sieht, was er denkt.

4,23: Die Stunde kommt, und sie ist schon da, zu der die wahren Beter den Vater anbeten werden im Geist und in der Wahrheit; denn so will der Vater angebetet werden.

Um diesen Vers zu verstehen, müssen wir uns daran erinnern, worüber Jesus hier sprach. Er sagte der Frau am Jakobsbrunnen, daß sie fünf Männer gehabt hatte und jetzt mit einem andern Mann zusammenlebte. Gemäß diesem Text will Gott von uns, daß wir ihn mit einem moralisch unbefleckten Geist anbeten.

Ich glaube, daß der Heilige Geist diese gleiche Botschaft heute neu ins Licht rückt.

8,34: Jesus antwortete ihnen: Amen, amen, das sage ich euch: Wer die Sünde tut, ist Sklave der Sünde.

Wenn wir mit der Gewohnheit falschen Denkens gebunden

sind, verlieren wir die Herrschaft über viele Bereiche unseres Lebens. Unser geistliches Leben wird stark geschwächt. Unsere Fähigkeit, die Schrift zu verstehen, kann stark eingeengt werden. Auch unsere Beziehungen zu anderen Menschen können darunter leiden. Mit anderen Worten: Wir sind »Sklaven der Sünde«.

8,36: Wenn euch also der Sohn befreit, dann seid ihr wirklich frei.

Wenn du schlechte Gewohnheiten hast, von denen du nicht loskommst, dann sei dir darüber im klaren, daß du nicht in dem Sieg lebst, den Gott haben will. Vielleicht ist durch unmoralisches Denken dein Wille so geschwächt, daß du keine Willenskraft mehr aufbringst.

Millionen Menschen suchen nach neuen Wegen, um Körpergewicht zu verlieren. Sie haben vielleicht bereits jede zur Verfügung stehende Abmagerungsdiät ausprobiert; trotzdem leiden sie ständig Qualen, weil sie nicht in der Lage sind, ihre Essenszufuhr unter Kontrolle zu bringen. Wenn sie nun ihre Nahrungsaufnahme dadurch unter Kontrolle bekommen wollen, daß sie zu wenig essen, dann werden sie so reizbar und nörglerisch, daß sie einem das Leben versauern. Sie sind ständig so schlechter Laune, daß sie sich schließlich entschließen, doch wieder alles zu essen, was ihnen schmeckt. Dies ist aber keine Lösung! Ich will damit in keiner Weise zu verstehen geben, daß übergewichtige Personen Probleme mit unmoralischem Denken haben! Was ich jedoch sagen möchte, ist dies: Jesus hat uns die Freiheit gebracht, daß wir das unter Kontrolle bringen können, was wir denken und was wir wollen! Dies mag für dich eine freudig überraschende Nachricht sein. Wenn dem so ist, dann beginne damit, die Herrschaft über deine Gedanken in Anspruch zu nehmen.

Wenn du wegen irgend etwas unglücklich bist, dann glaube mir bitte, daß Gottes Plan für dich dein innerer Friede ist. Du brauchst kein Superchrist zu sein, um seine Hilfe in Anspruch nehmen zu können; doch du mußt bereit sein, seinen Willen zu akzeptieren. Denke daran, daß Jesus gesagt hat, sein Joch sei sanft und seine Last leicht. Nur das Joch Satans ist schwer zu ertragen!

14,1: Euer Herz lasse sich nicht verwirren.

Christen erleiden oft heftige seelische Schmerzen, weil andere etwas Bestimmtes tun oder nicht tun. Der Christ sagt sich selbst immer und immer wieder, daß er sich durch die betreffende Person nicht mehr länger beschweren lassen wird. Er meint das auch so und nimmt sich vor, sieghaft über dieser Situation zu stehen. Aber noch bevor er recht weiß, wie ihm geschieht, ist er bereits wieder dabei, sich wegen des andern Sorgen zu machen oder aufzuregen. Wenn er dann seine Denkweise überprüft, stellt er vielleicht fest, daß er sich von Christus noch nicht »wirklich frei« hat machen lassen.

Denke einmal gründlich darüber nach, wie faszinierend es wäre, wenn Jesus dir größere Kontrolle über deine Gedanken geben dürfte! Viele Menschen machen sich endlose Stunden lang Sorgen über die eine oder andere Sache. Sie wissen zwar, daß sie mit ihren Sorgen ihre Gesundheit und ihr Glück ruinieren; aber sie haben nicht die Willenskraft, damit aufzuhören. Ich möchte dir deshalb eine faszinierende Wahrheit weitergeben, die dein Leben verändern kann.

Im allgemeinen geht man davon aus, daß das Leben einer Frau, deren Ehemann sie hat sitzen lassen (oder auch umgekehrt), hinfort ein unglückliches sein muß. Worüber sich Christen aber oft nicht im klaren sind, ist die Tatsache, daß Jesus uns auch von dem Kummer befreien kann, den uns andere zufügen. Wir mögen zwar eine Zeitlang weinen, doch durch ihn können wir den Seelenfrieden wiedergewinnen.

Und durch Jesus ist auch der Tod in den Sieg verschlungen! Wir können einen Angehörigen durch den Tod verlieren und letzten Endes doch den Sieg haben! Das ist wirklicher Sieg! Mary und ich erlebten dies vor einiger Zeit, als wir durch einen Unfall unseren ältesten Sohn verloren.

Als Eltern müssen wir wissen, daß die Übergabe unserer Kinder an Gott sein Wille für uns ist. Es ist nicht sein Wille, daß wir ständig in Trauer und Kummer leben, wenn unsere Kinder Schweres durchmachen müssen. Einerseits ist es natürlich, daß sich Eltern grämen, wenn ihre Kinder leiden; aber wenn wir unsere Kinder ihm übergeben, dann erwartet er von uns den Glauben, daß er ihnen alles *zum Besten* dienen lassen wird. Wir müssen daran denken, daß Gott seinen eigenen Sohn aus dem

Grab auferweckt hat und daß wir ihm deshalb auch die Sorge um *unsere* Kinder überlassen sollen.

Das Herz des Christen kann sehr schnell »verwirrt« werden, wenn er sich sinnlichen Gedanken öffnet. Diese eine »Verwirrung« wirkt dann wie ein Magnet, der andere Verwirrungen anzieht. Jesus weiß, daß unser Leib und unsere Seele nicht dafür geschaffen sind, Verwirrungen zu tragen. Wenn wir sie jedoch unbedingt tragen wollen, müssen wir unter Umständen viele Dinge erleiden. Wenn wir in einem Teufelskreis von Verwirrungen gefangen sind, meinen wir immer, wir seien hilflos. Tatsache ist jedoch, daß wir *niemals* hilflos sind. Jesus hätte uns nicht geboten, uns »nicht verwirren zu lassen«, wenn er damit etwas Unmögliches von uns verlangt hätte.

17,17.19: Mache sie rein und heilig dadurch, daß du sie deine Worte der Wahrheit lehrst. Und ich weihe mich dem Zweck, daß ihr Bedürfnis nach Wachstum in Wahrheit und Heiligkeit befriedigt wird (wörtlich zitiert nach der englischen TLB-Bibel).

Wenn wir unser Versagen einsehen, so wird uns nicht geholfen, wenn wir deswegen ein Leben lang Schuldgefühle haben. Wenn wir aufgrund unserer Sünden oder unseres Versagens in Furcht leben, wird uns durch diese Furcht nicht geholfen. Jesus sagt, daß seine Worte die Kraft haben, uns zu verändern. Wir brauchen Veränderung, und unsere Lage ist nicht hoffnungslos!

Jesus hat sich selbst dargegeben, um unsere Bedürfnisse zu befriedigen – was immer diese auch sein mögen! Diese Garantie reicht aus, um in jedem einzelnen von uns den Glauben zu wecken, daß Jesus eine Lösung für unsere Situation hat.

6,26: Amen, amen, ich sage euch: Ihr sucht mich nicht, weil ihr Zeichen gesehen habt, sondern weil ihr von den Broten gegessen habt und satt geworden seid.

Hier wird zum Ausdruck gebracht, daß eine Verwechslung unserer Prioritäten in der Tat möglich ist! Wenn wir uns aber dem Wirken des Heiligen Geistes fügen und in uns »ein reines Herz« schaffen lassen, dann wird er für andere Angelegenheiten Sorge tragen. Er weiß, daß wir auch materielle Bedürfnisse haben; doch möchte er, daß wir *ihn* suchen und nicht seine Wunder.

APOSTELGESCHICHTE

8,21.22: Dein Herz ist nicht rechtschaffen vor Gott. Darum tu Buße für diese deine Bosheit und bitte den Herrn, ob dir vergeben werden möchte die TÜCKE deines Herzens (revidierte Lutherbibel).
Wir sind verantwortlich für all das, was aus unserem Herzen kommt.

RÖMER

1,21: Sie haben Gott erkannt, ihn aber nicht als Gott geehrt.
Was meint der Heilige Geist, wenn er sagt, die Menschen hätten »Gott erkannt«, ihn aber nicht »als Gott« geehrt? Er macht dies sofort klar. Er nimmt nämlich Bezug auf diejenigen, die im Gebrauch ihrer Gedankenwelt Gott ungehorsam werden. »Sie verfielen in ihrem Denken der Nichtigkeit, und ihr unverständiges Herz wurde verfinstert.« Aus den Versen 24 bis 29 geht klar hervor, daß sich das ungehorsame Denken auch auf die Entehrung des menschlichen Körpers (das Nichtrespektieren des Körpers eines anderen als Tempel Gottes) bezieht.

1,24: Darum hat sie auch Gott dahingegeben in ihrer Herzen Gelüste, in Unreinigkeit (revidierte Lutherbibel).
Es ist äußerst wichtig, daß uns nach dem Guten »gelüstet«!

1,25: Sie beteten an, was Gott geschaffen hat, anstatt ihn selbst als Schöpfer zu ehren (Gute Nachricht).
Eine starke Aussage!

2,16: Gott wird über die geheimen Gedanken der Menschen Gericht halten (Gute Nachricht).
Wenn wir irgendwelche Gedanken haben, die wir geheimhalten wollen, dann ist das Gericht über diese Gedanken bereits angekündigt.

6,12.13: Daher soll die Sünde euren sterblichen Leib nicht mehr beherrschen, und seinen Begierden sollt ihr nicht gehorchen. Stellt eure Glieder nicht der Sünde zur Verfügung als Waffen der Ungerechtigkeit.

Wenn wir unsere Phantasie mit unreinen Gedanken füllen, dann müssen wir uns daran erinnern lassen, daß Gott dieses Körperglied – unseren Sinn – heilig haben möchte. Der Satan bietet uns Freuden an, die aber zur Qual werden. Er stimuliert unsere Begierden und verspricht endlosen Genuß. Doch die Zahlungen, die er dafür kassiert, sind schockierend!

6,13: Liefert keinen Teil eures Körpers der Sünde aus, damit sie ihn nicht als Waffe gegen das Gute benutzen kann. Stellt euch vielmehr Gott zur Verfügung (Gute Nachricht).

Jeder einzelne von uns entscheidet selbst, welchen Grundsätzen er folgen will.

6,19: Wie ihr eure Glieder in den Dienst der Unreinheit... gestellt habt... so stellt jetzt eure Glieder in den Dienst der Gerechtigkeit, so daß ihr heilig werdet.

Es ist leicht, unseren Sinn in den Dienst der Unreinheit zu stellen; aber wir werden dann zu Sklaven derselben.

6,22: Jetzt, da ihr aus der Macht der Sünde befreit und zu Sklaven Gottes geworden seid, habt ihr einen Gewinn, der zu eurer Heiligung führt und das ewige Leben bringt.

Gott befreit uns von der ewigen Strafe der Sünde. An diese seine Gabe knüpft er die Bedingung, daß alle Frucht unseres Lebens heilig sei.

8,5.6: Die da fleischlich sind, die sind fleischlich GESINNT; die aber geistlich sind, die sind geistlich GESINNT. Aber fleischlich (sinnlich) GESINNT sein ist der Tod, und geistlich GESINNT sein ist Leben und Friede (revidierte Lutherbibel).

Der fleischliche Sinn behauptet beharrlich, daß seine Triebe zu herrlichen Genüssen führen.

8,7: Fleischlich (sinnlich) GESINNT sein ist Feindschaft wider Gott, weil das Fleisch dem Gesetz Gottes nicht untertan ist (revidierte Lutherbibel).

Unser natürlicher Sinn will dem Gesetz Gottes nicht untertan sein. Manche glauben, ein Christ, der sich unmoralischer Handlungen enthält, sei absolut geistlich. Doch der Heilige Geist möchte uns dahin führen, daß wir auch unseren Sinn Gott übergeben. Er weiß um den Kampf, der sich in unserem Herzen abspielt; und er weiß auch, wie sehr unser Sinn der Herrschaft Gottes widerstrebt.

8,13: Wenn ihr nach dem Fleisch lebt, müßt ihr sterben; wenn ihr aber durch den Geist die (sündigen) Taten des Leibes tötet, werdet ihr leben.
»Töten« bedeutet hier Unterwerfung durch Disziplin oder Selbstverleugnung. Wenn du dich zu einem Menschen entwikkelt hast, der wenig oder gar keine Selbstdisziplin praktiziert, dann beschäftige dich mit diesem Vers. Wir brauchen ganz einfach nur das zu tun, was *wir tun wollen,* und müssen als Resultat geistliche Schwäche oder sogar den geistlichen Tod in Kauf nehmen.

12,1: Gebet eure Leiber zum Opfer, das da lebendig, heilig und Gott wohlgefällig sei. Das sei euer vernünftiger Gottesdienst (revidierte Lutherbibel).
Gott sieht einen heiligen Sinn als vernünftige (angemessene und faire) Norm für seine Kinder.

13,9: Du sollst nicht die Ehe brechen.
Hier wird das alttestamentliche Gebot als Teil des Neuen Testaments bestätigt.

13,14: Treibet nicht Vorsorge für das Fleisch zur Erfüllung seiner Lüste (Elberfelder Bibel).
Wenn wir uns bewußt das anschauen, was das unmoralische Denken fördert, dann »treiben wir Vorsorge für das Fleisch«. Und wenn wir das tun, findet das Fleisch natürlich Gefallen daran.

1. KORINTHER

3,16.17: Wißt ihr nicht, daß ihr Gottes Tempel seid und der Geist Gottes in euch wohnt? Wer den Tempel Gottes verdirbt (sittlich beschmutzt), den wird Gott verderben. Denn Gottes Tempel ist heilig, und der seid ihr.

Gottes Tempel zu verderben oder zu verunreinigen ist eine furchtbare Sache! Der schlaue fleischliche Sinn kommt manchmal zu folgendem Schluß: »Es gibt keine Möglichkeit, kurz anhaltendes unmoralisches Denken zu verhindern. Wenn ich es also einfach tun *muß*, dann bin ich hierüber auch keine Rechenschaft schuldig.«

4,5: Wartet, bis der Herr kommt, der das im Dunkeln Verborgene ans Licht bringen und die Absichten der Herzen aufdecken wird.

Gott wird eines Tages unsere geheime Welt der Gedanken und des Herzens offenlegen. Wird sie seinen Maßstäben der Heiligkeit standhalten, oder muß er das Angesicht abwenden, weil so viel Unheiliges zum Vorschein kommt?

6,9.10: Täuscht euch nicht! Weder Unzüchtige noch Götzendiener, weder Ehebrecher noch Lustknaben, noch Knabenschänder ... werden das Reich Gottes erben.

Unmoral in jeglicher Form verwehrt uns den Zugang zu den köstlichen Freuden der Gemeinschaft mit Gott.

6,20: Darum so preiset Gott an eurem Leibe und in eurem Geiste, welche sind Gottes (Lutherbibel 1912).

Da Gott Geist ist, ist er *besonders* an dem interessiert, was in unserem Geist vor sich geht. Wenn wir in uns einen unreinen Geist dulden, dann bitten wir damit Gott, inmitten unserer Unreinheit Wohnung zu machen.

Eine Frau kann sich zum Beispiel ein ganzes Fußballspiel ansehen und nicht das geringste Interesse daran haben. Der Mann versteht überhaupt nicht, wie dies möglich ist. Er kann ihr viele Gründe nennen, weshalb sie mehr Begeisterung für ein »interessantes Spiel« haben sollte. Aber sie hat nun eben einmal keine »Antenne« für den Fußballsport. Wenn der Heilige Geist deinen Geist von dem Verlangen nach unsittlichen Gedanken hat reinigen können, kann ein anderer Mensch nicht verstehen, weshalb du für diese Dinge keine »Antenne« mehr hast.

10,13: Noch ist keine Versuchung über euch gekommen, die den Menschen überfordert. Gott ist treu; er wird nicht zulassen, daß ihr über eure Kraft hinaus versucht werdet. Er wird euch in der Versuchung einen Ausweg schaffen, so daß ihr bestehen könnt.

Die Versuchung zum Denken unreiner Gedanken ist bei allen Männern und Frauen üblich; aber es gibt einen »Ausweg«.

2. KORINTHER

4,2: (wir) . . . haben den verborgenen Dingen der Unehrlichkeit entsagt (wörtlich zitiert nach der englischen KJV-Bibel).

Es wäre unehrlich, wenn wir sagen würden, daß wir andere als Christen respektieren, wenn wir im Verborgenen ihnen gegenüber ehebrecherische Gedanken hegen.

6,14: Beugt euch nicht mit Ungläubigen unter das gleiche Joch!

Wenn wir einem ungläubigen Menschen gegenüber unreine Gedanken haben, kommt dies einer Verbindung mit diesem Ungläubigen gleich. In diesem Vers wird weiter ausgeführt, daß eine solche Verbindung eine Verbindung mit der Finsternis ist.

7,1: Reinigen wir uns also von aller Unreinheit des Leibes und des Geistes, und streben wir in Gottesfurcht nach vollkommener Heiligung.

Dieser Vers ist nicht an geistliche Riesen gerichtet, sondern an alle die, die »Gottesfurcht« haben. 10,4–5: » . . .reißen wir alle hohen GEDANKENGEBÄUDE nieder . . . Wir nehmen alles DENKEN gefangen, so daß es Christus gehorcht.«

Gott sagt hier, daß wir unsere Gedankengebäude und unser Denken unter Kontrolle haben *können!* Das ist gute Nachricht!

11,3: Ich fürchte aber, daß, wie die Schlange Eva verführte mit ihrer List, so auch eure GEDANKEN verkehrt werden.

Eva schaute die verbotene Frucht an, und diese *sah gut aus.* Ich bin davon überzeugt, daß sie zu jenem Zeitpunkt nicht glaubte, ihre Meinung sei »verkehrt« geworden. Eva hatte noch nie zuvor gesündigt; trotzdem war sie der Täuschung durch den Satan ausgesetzt. Wenn auch du schon verbotene Frucht angeschaut und sie begehrt hast, dann wurdest du vom gleichen Versucher in Versuchung geführt.

GALATER

5,16.17: Laßt euch vom Geist leiten, dann werdet ihr das Begehren des Fleisches nicht erfüllen. Denn das Begehren des Fleisches richtet sich gegen den Geist, das Begehren des Geistes aber gegen das Fleisch; beide stehen sich als Feinde gegenüber, so daß ihr nicht imstande seid, das zu tun, was ihr wollt.

Es ist außerordentlich wichtig zu lernen, daß der Heilige Geist oft im direkten Gegensatz zu dem steht, was das Fleisch will. Das Fleisch kann sagen: »Ich sehe nicht ein, warum das, was ich tun möchte, verkehrt sein soll!« Hier bietet sich uns die goldene Gelegenheit zu sagen: »Ich werde nicht tun, was mein Fleisch tun will!«

5,19: Die Werke des Fleisches sind deutlich erkennbar: Unzucht, Unsittlichkeit, ausschweifendes Leben.

Dieser Vers zeichnet ein klares Bild von dem, was die Bibel unter »Fleisch« versteht.

5,24.25: Diejenigen, die Jesus Christus angehören, haben ihre menschliche Natur mit allen Leidenschaften und Begierden in den Tod gegeben. Der Geist hat uns Leben gegeben; er muß unser Leben auch beherrschen (wörtlich zitiert nach der englischen GN-Bibel).

Wenn der Geist unseren Sinn beherrscht, gibt er uns *große Freude.* Und je mehr er uns beherrscht, desto größer wird die Freude! Gott hat uns geschaffen, und er weiß, was uns den größten Genuß verschafft. In uns wird ein Krieg geführt. Unser Fleisch fordert unsittliches Denken; unser Geist aber schreit nach Reinheit des Herzens. Jeder von uns muß selbst entscheiden, wo der Sieg zu finden ist.

2,2.3: Ihr habt nach der Art dieser Welt gelebt. Wir alle haben... uns von unseren selbstsüchtigen Wünschen leiten lassen. Wir haben getan, was unsere Triebe und unser Eigenwille verlangten (Gute Nachricht).

Wenn es sich bei einem gewissen Gedanken um einen solchen handelt, den Gott verboten hat, so bemüht sich der Sinn in schlauer Weise um eine Entschuldigung. Er möchte sich von seinen »selbstsüchtigen Wünschen leiten lassen«.

4,22: Leget von euch ab den alten Menschen mit seinem vorigen Wandel, der durch trügerische Lüste sich verderbt (revidierte Lutherbibel).

Dies ist etwas, was wir tun müssen, nachdem wir Christus angenommen haben. Aber wir müssen uns bewußt sein, daß »trügerische Lüste« genau das sind, nämlich trügerisch. Sie präsentieren sich jedoch als vollkommen vernünftig und logisch.

4,23: Erneuert euren Geist und Sinn!

Eine wunderbare Möglichkeit; aber wiederum handelt es sich um etwas, was *wir* tun müssen.

4,24: Zieht den neuen Menschen an, der... geschaffen ist in wahrer Gerechtigkeit und Heiligkeit.

Denke einen Augenblick darüber nach, wie dieser »neue Mensch« wohl aussehen mag: geschaffen von Gott zur Gerechtigkeit und Heiligkeit. Welche Gedanken fließen wohl durch seinen Sinn?

5,3.11: Unzucht aber und alle Uneinigkeit oder Habsucht lasset nicht von euch gesagt werden, wie es den Heiligen ziemt. Habt nicht Gemeinschaft mit den unfruchtbaren Werken der Finsternis, strafet sie vielmehr (revidierte Lutherbibel).

Unser Sinn möchte die Gemeinschaft mit der Unreinigkeit genießen; unser Geist aber möchte diese strafen.

5,12: Denn man muß sich schämen, von dem, was sie heimlich tun, auch nur zu reden.

Geheime Gedanken sind es oft wert, daß man sich daran schämt.

6,13: Legt die Rüstung Gottes an, damit ihr am Tag des Unheils standhalten, alles vollbringen und den Kampf bestehen könnt.
Wir brauchen die gesamte geistliche Waffenrüstung, um der Versuchung zu unmoralischen Gedanken und Wünschen widerstehen zu können.

PHILIPPER

4,8: Weiter, liebe Brüder: Was wahrhaftig ist, was ehrbar, was gerecht, was rein, was wohllautet, ist etwa eine Tugend, ist etwa ein Lob, dem DENKET nach! (revidierte Lutherbibel).
Wenn wir diesem Vers entsprechend handeln, dann stellt uns Gott seine himmlischen Heere zur Seite. Unsere Gedanken werden dann zu Werkzeugen, die er dazu gebrauchen kann, unser eigenes Leben und auch das vieler anderer zu segnen.

KOLOSSER

3,1: Ihr seid mit Christus auferweckt; darum strebt nach dem, was im Himmel ist, wo Christus zur Rechten Gottes sitzt.
Welch eine Berufung! Bereitwillig die Dinge tun und die Gedanken denken, die in Gottes Gegenwart angenehm sind!

3,2: Richtet euren Sinn auf das Himmlische und nicht auf das Irdische.
Wenn wir beten: »Herr, verändere mein Denken«, dann bitten wir ihn nur darum, das zu tun, was er uns bereits geboten hat.

3,5: Darum tötet... die bösen Begierden und die Habsucht.
»Ist es überhaupt möglich, kein *Verlangen* mehr zu haben nach etwas, was ich eigentlich haben möchte?«
Gottes Wort kann uns dabei helfen, dies zu erreichen. Wir müssen jedoch über das nachdenken, was er gesagt hat, und müssen uns dann zur Änderung unseres Verlangens entschließen.

1. THESSALONICHER

4,3: Gott möchte euch heilig und rein haben und will, daß ihr euch aller sexuellen Sünden enthaltet (wörtlich zitiert nach der englischen TLB-Bibel).

Wenn wir in uns Gedanken haben, die nicht rein sind, dann spricht er zu uns: »Haltet euch rein!«

4,7: Denn Gott hat uns nicht dazu berufen, unrein zu leben, sondern heilig zu sein.

Haben wir die Vergebung unserer Sünden angenommen, dann haben wir eine hohe Berufung. Gottes Norm ist diese: »Strebt nach Heiligkeit.« Er ist stets geduldig; aber es kann sein, daß er uns unter Druck setzt, wenn wir uns nicht in der richtigen Richtung fortbewegen.

2. THESSALONICHER

1,11: Darum beten wir auch immer für euch, daß unser Gott euch eurer Berufung würdig mache und in seiner Macht allen Willen zum Guten vollende.

Gott möchte das Gute in uns aufbauen und stärken. Wenn unsere Gedanken durch unreines Verlangen infiziert sind, werden seine Pläne aber vereitelt. Da er uns die Freiheit gegeben hat zu wählen, was immer wir wollen, akzeptiert er unsere Entscheidungen. Wir haben eine großartige Gelegenheit.

1. TIMOTHEUS

4,12.15: Sei ein Vorbild den Gläubigen in... der Reinheit. Denke über diese Dinge nach; gib dich ihnen ganz hin (wörtlich zitiert nach der englischen KJV-Bibel).

Wenn wir wie Timotheus über Gottes Wort nachdenken und uns diesem hingeben, können auch wir ein Vorbild »in der Reinheit« werden.

2. TIMOTHEUS

2,20.21: Es gibt Gefäße aus Gold und Silber sowie auch solche aus Holz und Ton. Die teuren Gefäße werden für die Gäste benützt, und die billigen finden in der Küche oder für den Abfall Verwendung. Wenn ihr euch von der Sünde fernhaltet, gleicht ihr einem dieser Gefäße aus reinstem Gold ... so daß Christus selbst euch für seine höchsten Ziele gebrauchen kann (wörtlich zitiert nach der englischen TLB-Bibel).

Wir selbst wählen uns die Qualität unserer Gedanken aus und bestimmen damit auch die Qualität unseres Dienstes für Gott. Gold und Silber müssen im Feuer gereinigt werden. Durch die Hitze wird alles Unreine an die Oberfläche befördert, wo es abgeschöpft werden kann. Das Wort Gottes ist ein reinigendes Feuer, das die Dinge, die keinen Wert haben, an die Oberfläche bringt.

2,22: Flieh vor den Begierden der Jugend; strebe unermüdlich nach Gerechtigkeit, Glauben, Liebe und Frieden, zusammen mit all denen, die den Herrn aus reinem Herzen anrufen.

Wenn wir zu Gott rufen: »Herr, vermehre meinen Glauben und meine Liebe und meinen Frieden«, jedoch Unreinheit im Herzen dulden, dann können unsere Gebete nur wenig ausrichten. Wenn wir dies einsehen, dann wird uns klar, weshalb manche unserer Gebete keine Erhörung gefunden haben.

TITUS

1,15.16: Für die Reinen ist alles rein; für die Unreinen und Ungläubigen aber ist nichts rein, sogar ihr DENKEN und Gewissen sind unrein. Sie sagen, sie kennen Gott; aber mit den Werken verleugnen sie ihn. Sie sind es, die Gott ein Greuel sind, und gehorchen nicht (revidierte Lutherbibel).

Ein »reiner« Sinn sieht eine Person des andern Geschlechts an und hat »reine« Gedanken. Wenn jedoch unser »Denken und Gewissen« befleckt sind, denken wir unreine Gedanken.

PHILEMON

1,6: Ich bete darum, daß dein Glaube, den du mit andern teilst, auch ihr Leben ergreift, wenn sie den Reichtum guter Dinge in dir sehen (wörtlich zitiert nach der englischen TLB-Bibel).

Wenn unser Sinn gereinigt wird, dann sehen die Menschen den »Reichtum guter Dinge« in uns.

Als wir Jesus aufnahmen, wurde der Same des reinen Denkens in unser Herz gesät. Wir können dafür sorgen, daß dieser Same wächst und viel Frucht trägt.

HEBRÄER

4,12: Lebendig ist das Wort Gottes, kraftvoll... es richtet über die Regungen und GEDANKEN des Herzens.

In diesem Vers wird uns die Lösung zu den in diesem Buch angesprochenen moralischen und geistlichen Problemen angeboten. Gott kennt unsere Gedanken und hat uns als Hilfe sein Wort gegeben. Sein Wort hat jedoch keine Wirkung in uns, wenn wir nicht darüber nachdenken und dann anhand seiner Gebote unsere persönlichen Entscheidungen treffen.

Was würdest du tun, wenn du die perfekte Gelegenheit zur Ausführung einer unsittlichen Handlung bekämst? An dem, was du *gerne* tun würdest, ist zu erkennen, was für eine Person du bist und was die »Regungen« deines Herzens sind.

JAKOBUS

1,14: Die Versuchung eines Menschen geht auf das Ziehen seines eigenen inwendigen Verlangens zurück, das enorm attraktiv sein kann. Sein eigenes Verlangen gewinnt Macht über ihn, und das erzeugt die Sünde (wörtlich zitiert nach der englischen Phillips-Bibel).

Ich nehme die Schuld nie gerne auf mich selbst!

Der Versuchung nachzugeben kommt uns als etwas ganz Leichtes vor. Doch wir müssen in die Zukunft blicken und prüfen, was *geschehen könnte,* wenn wir sinnliche Begierde in unserem Herzen wohnen lassen.

1,22: Hört das Wort nicht nur an, sondern handelt danach.
»Nach dem Wort handeln« bedeutet unter anderem auch, die Reinigung unseres Sinnes anzustreben.

4,4: Ihr Ehebrecher, wißt ihr nicht, daß Freundschaft mit der Welt Feindschaft mit Gott ist? Wer also ein Freund der Welt sein will, der wird zum Feind Gottes.
Ein »Feind Gottes«? Keine beneidenswerte Stellung!

4,8: Läutert euer Herz, ihr Menschen mit zwei Seelen!
Dies sind die Menschen, deren eine Seele sagt: »Ich möchte Gott gefallen«, und deren andere Seele sagt: »Ich möchte mich an unreinen Gedanken ergötzen.«

1. PETRUS

1,6: Die ihr jetzt eine kleine Zeit... betrübt seid durch mancherlei Versuchungen (Elberfelder Bibel).
Jeder, der danach trachtet, Gottes Willen zu tun, und der Versuchung zum unsittlichen Denken nachgibt, wird in einen Zustand der Betrübnis kommen. Unser Gewissen mahnt uns, daß etwas nicht in Ordnung ist.

2,11: Liebe Brüder, da ihr Fremde und Gäste seid in dieser Welt, ermahne ich euch: Gebt den irdischen Begierden nicht nach, die gegen die Seele kämpfen.
Unsere begrenzte Fassungskraft bezüglich geistlicher Dinge hindert uns daran, zu begreifen, wie destruktiv sinnliche Begierde ist.

2. PETRUS

1,5: Setzt allen Eifer daran, mit eurem Glauben die Tugend zu verbinden.
Allzu häufig werden Christen dazu angeleitet, nach mehr Glauben zu streben, werden aber nicht gelehrt, nach mehr Tugend zu trachten. Petrus sagt uns, daß wir in dieser wichtigen Angelegenheit »allen Eifer« daransetzen müssen.

2,9: Der Herr weiß die Gottseligen aus der Versuchung zu retten.

Ich habe die Erfahrung gemacht, daß Männer und Frauen, die damit beginnen, sich um reine Gedanken zu bemühen, oft das Gefühl haben, dieses Ziel sei für sie unerreichbar. Der Sinn sagt vielleicht: »Ich schaffe das nie, worum du mich bittest!« Wenn wir an diesem Punkt angelangt sind, können wir mit großer Freude die Zusage Gottes lesen, daß er uns aus der Versuchung zu retten weiß.

2,19: Von wem jemand überwältigt worden ist, dessen Sklave ist er.

Wenn ein anderer Mensch dich veranlaßt, mit sinnlichen Gedanken umzugehen, dann wirst du von diesem Menschen »überwältigt«. Wenn eine Frau dies einem Mann gegenüber tut, wird dieser buchstäblich von ihr überwältigt. Er hat in der Regel nicht das Empfinden, überwältigt worden zu sein, und würde dies wahrscheinlich auch entrüstet bestreiten; aber in den Augen Gottes geschieht genau das. Wenn eine Frau von einem Mann durch dessen überzeugende Worte oder sein Verhalten zu unmoralischem Denken veranlaßt wird, wird sie von ihm überwältigt und ist seine Sklavin.

2,20.22: Sie waren dem Schmutz der Welt entronnen, weil sie den Herrn und Retter Jesus Christus erkannt hatten; wenn sie sich aber von neuem davon fangen und überwältigen lassen... trifft das wahre Sprichwort zu: Der Hund kehrt zurück zu dem, was er erbrochen hat.

Das Bild vom Hund, der zu seinem Erbrochenen zurückkehrt, ist in der Tat ein Ekel erregendes. Der Christ, dessen Augen »voll Ehebruchs« sind, wirkt auf Gott genauso widerlich.

3,14: Bemüht euch darum, von ihm ohne Makel und Fehler... angetroffen zu werden.

Gott sagt zu uns: »Seid rein. Seid fehlerlos. Seid heilig.«

1. JOHANNES

2,6: Wer sagt, daß er in ihm bleibt, muß auch leben, wie er (Jesus) gelebt hat.

Welch herrliches Ziel: Wir dürfen lernen, Gedanken zu haben, die denen von Christus ähnlich sind!

2,16: Denn alles, was in der Welt ist, die Begierde des Fleisches die Begierde der Augen... ist nicht vom Vater, sondern von der Welt.

Die Begierde nach etwas, was uns nicht gehört, mag uns zwar ganz natürlich erscheinen; aber dieses Verlangen ist »nicht vom Vater«.

3,3: Ein jeglicher, der solche Hoffnung hat zu ihm, der reinigt sich, gleichwie er (Christus) auch rein ist (revidierte Lutherbibel).

Dies ist scheinbar ein unerreichbares Ziel; wir haben hier jedoch ein anschauliches Bild von dem, was Gott hinsichtlich unserer Gedanken von uns fordert. Viele Jahre lang betete ich häufig und – ich muß bekennen – auch recht fromm: »O Herr, bitte reinige mich von diesen schlechten Gedanken.« Schließlich wurde mir bewußt, daß er zu mir sprach: »Merlin, mach du das doch!«

3,21: Liebe Brüder, wenn das Herz uns aber nicht verurteilt, haben wir gegenüber Gott Zuversicht.

Die Fähigkeit des Herzens, uns zu signalisieren, daß in unserem Gedankenleben etwas nicht stimmt, ist eine wertvolle Gabe Gottes. Er verhilft uns dazu, daß wir empfinden können, wie er empfindet; wir können dann die notwendigen Veränderungen vornehmen. Wenn unser Herz dann frei von Schuld ist, haben wir neue Zuversicht. Bei mir selbst war es so, daß ich das Gefühl hatte, als wäre mir eine schwere Last von den Schultern genommen. Ich kann gut mitfühlen mit den Menschen, die eine schwere Schuldenlast zu tragen haben. Man wird dabei sehr müde und ist geplagt.

3,22: Alles, was wir erbitten, empfangen wir von ihm, weil wir seine Gebote halten und tun, was ihm gefällt.

Was Gott uns an Gutem zugesagt hat, können wir in Anspruch nehmen, wenn wir das tun, was ihm wohlgefällt!

2. JOHANNES

1,2: Aufgrund der Wahrheit, die in uns bleibt. Und sie wird mit uns sein in Ewigkeit.
Diese im Herzen jedes Christen bleibende Wahrheit erzeugt Schuldgefühle, wenn man verkehrte Gedanken hat.

3. JOHANNES

1,2: Lieber Bruder, ich wünsche dir in jeder Hinsicht Wohlergehen und Gesundheit, so wie es deiner Seele wohlergeht.
Es ist gut, wenn wir uns darauf einstellen, daß es mit unseren finanziellen Mitteln und mit unserer Gesundheit im Verhältnis zu unserem geistlichen Stand aufwärtsgeht.

1,11: Lieber Bruder, ahme nicht das Böse nach, sondern das Gute.
Die Leidenschaft verleitet uns häufig dazu, in unseren Gedanken Dinge nachzuahmen, die böse sind.

OFFENBARUNG

3,10: Ihr habt mein Wort beherzigt ... Darum werde ich euch in der Zeit der Versuchung bewahren, die bald über die ganze Erde kommen und alle Menschen auf die Probe stellen wird (Gute Nachricht).
Die Versuchung zum unmoralischen Denken und Handeln ist eine der hartnäckigsten Versuchungen, denen die Christen unserer Tage ausgesetzt sind. Wir sind umgeben von jeder nur denkbaren Gelegenheit, unreine Gedanken in uns aufzunehmen. Mit fast jedem Film und jedem Fernsehprogramm will man uns auf diese oder jene Weise davon überzeugen, daß Unmoral nicht als etwas Böses anzusehen ist. Jesus hat uns warnend auf das hingewiesen, was wir zu erwarten haben. Er verheißt auch großen Lohn, wenn wir überwinden!

2,7: Wer Ohren hat, der höre, was der Geist den Gemeinden sagt! Wer überwindet (revidierte Lutherbibel):
1. dem will ich zu essen geben von dem Baum des Lebens (2,7),
2. dem soll kein Leid geschehen von dem zweiten Tode (2,11),

3. dem will ich geben von dem verborgenen Manna (2,17),
4. dem will ich einen neuen Namen geben, welchen niemand kennt, als der ihn empfängt (2,17),
5. dem will ich Macht geben über die Heiden (2,26),
6. dem will ich geben den Morgenstern (2,28),
7. der soll mit weißen Kleidern angetan werden (3,5),
8. dessen Namen werde ich nicht austilgen aus dem Buch des Lebens (3,5),
9. dessen Namen will ich bekennen vor meinem Vater und vor seinen Engeln (3,5),
10. den will ich machen zum Pfeiler in dem Tempel meines Gottes (3,12),
11. auf den werde ich schreiben den Namen meines Gottes (3,12),
12. auf den werde ich schreiben meinen neuen Namen (3,12),
13. dem will ich geben, mit mir auf meinem Throne zu sitzen, wie ich überwunden habe und mich gesetzt mit meinem Vater auf seinen Thron (3,21).

3,22: Wer Ohren hat, der höre, was der Geist den Gemeinden sagt.
19,6: Da hörte ich etwas wie den Ruf einer großen Schar und wie das Rauschen gewaltiger Wassermassen und wie das Rollen mächtiger Donner: Halleluja! Denn König geworden ist der Herr, unser Gott, der Herrscher über die ganze Schöpfung.
19,7: Wir wollen uns freuen und jubeln und ihm die Ehre erweisen.
Denn gekommen ist die Hochzeit des Lammes, und seine Frau hat sich bereit gemacht.
19,8: Sie durfte sich kleiden in strahlend reines Leinen. Das Leinen bedeutet die gerechten Taten der Heiligen.
Wenn wir uns mit reinen Gedanken schmücken, ziehen wir bräutliche Gewänder an und bereiten uns so auf das Kommen des Bräutigams vor!

Nachwort

Was wirst du nun tun, nachdem du dieses Buch zu Ende gelesen hast? Habe ich dir genügend Hilfsmittel in die Hand gegeben, damit eine dauerhafte Veränderung in deiner Gedankenwelt vollzogen werden kann? Diese Fragen liegen *mir* schon viele Monate auf dem Herzen.

Erinnerst du dich noch an den Mann, der so gerne Sahnetorte ißt und vom Arzt erfährt, daß er Diabetes hat? Du magst gedacht haben: Gewiß, er hat sein Verlangen nach Sahnetorte verloren; aber das Verlangen wäre sofort wieder da, wenn er feststellen würde, daß die Diagnose des Arztes falsch war. Also hat sich an seinem Verlangen im Grunde nichts geändert; er hat es nur eine Zeitlang gegen ein stärkeres Verlangen eingetauscht: gegen das Verlangen, am Leben zu bleiben.

So ist es mit jedem natürlichen Verlangen. Anhand der folgenden Illustration möchte ich einmal erklären, was geschieht, wenn wir unser Verlangen ändern. Wir wollen einmal eine Rakete besteigen und in den Weltraum starten. 560 Kilometer über der Erde treten wir in eine Umlaufbahn ein. Unsere Rakete befindet sich noch im Bereich der Anziehungskraft der Erde, hat aber genügend Geschwindigkeit, um in ihrer Umlaufbahn zu bleiben. Nun stelle dir einmal zwei Möglichkeiten vor:

1. Wenn die Rakete die Geschwindigkeit reduzieren würde, würde sie durch die Schwerkraft der Erde wieder angezogen.

2. Erhielte die Rakete plötzlich einen beschleunigenden Schub, wäre es möglich, daß sie den Schwerkraftbereich der Erde verließe und ins Weltall hinausraste.

In diesem Bild gleicht die Erde deinem *früheren* Verlangen nach unreinen Gedanken. Du selbst befindest dich jetzt in der Umlaufbahn und bist in gewissem Sinn frei. Aber ... du bist nur frei, weil die für den Umlauf erforderliche Geschwindigkeit eingehalten wird. Du hast dich entschlossen, Gottes Willen zu folgen; und dein Denken ist in eine neue Dimension eingetreten, wo du dich deiner Wünsche nicht mehr zu schämen brauchst.

Welchen Einfluß hat nun dein altes Verlangen nach unreinen Gedanken noch auf dich? Wenn du deine Umlaufgeschwindigkeit »verlangsamst«, wird deine Rakete wieder von deinem alten Verlangen angezogen. Das ist das Leben auf dem Planeten Erde.

Wodurch kann denn unsere Umlaufgeschwindigkeit verlangsamt werden?

1. Dadurch, daß wir den Blick von dem abwenden, was Gott uns bezüglich unserer Gedanken, Verlangen und Vorstellungen gesagt hat.

2. Dadurch, daß wir uns bewußt in eine Lage versetzen, in der sich das alte Verlangen wieder behaupten kann.

3. Dadurch, daß wir nicht mehr regelmäßig Gemeinschaft mit Gott pflegen und uns somit der Leitung durch seinen Heiligen Geist entziehen.

Doch wie steht es nun mit der zweiten Möglichkeit, nämlich der, daß unsere Rakete ins Weltall hinausgeschleudert wird und damit aus dem Schwerkraftbereich unserer unreinen Wünsche austritt? Ich glaube, daß die herrliche Zeit kommen wird, wenn unser Geist diesen Leib einmal verläßt und Gott entgegeneilt! Von diesem seligen Moment an sind wir unsere unreinen Begierden für immer los! Doch bis dahin werden sie ihre Anziehungskraft immer wieder auf uns ausüben wollen. Die gute Nachricht für uns lautet, daß es möglich ist, innerhalb der Umlaufbahn zu bleiben und somit außerhalb des Herrschaftsbereichs der unreinen Begierden zu leben. Jesus besitzt die notwendige Schubkraft, um uns in der Freiheit zu erhalten! Hier ist der Plan:

Begib dich in die Umlaufbahn, wenn du nicht bereits dort bist!

Bleibe in der Umlaufbahn!

Lebe dort, wo der Sinn frei ist von der Umweltverschmutzung der Erde.

EIN BESONDERER HINWEIS

Sind wir erst einmal willig, unsere Gedanken für jedermann offenzulegen, werden wir dazu motiviert, in unserem *gesamten* Denken für unübertroffene Reinheit zu sorgen.

Gottes Verlangen für seine Kinder ist es, daß selbst die geheimsten Gedanken unseres Herzens von seinem Geist gesegnet sind. Vom Geist Gottes gesegnet zu sein ist die *höchste und lohnendste* Erfahrung, die wir auf dieser Erde machen können.

WAS DU IN DEINER UMGEBUNG TUN KANNST

In deiner Umgebung leben Männer und Frauen, die dieses Buch unbedingt lesen müssen. Gott wird dich aus seiner Fülle segnen, wenn du ihnen die darin enthaltene Botschaft weiterreichst.

Manche deiner Freunde werden diese Botschaft mit Freuden aufnehmen. Pastoren und andere geistliche Leiter haben mir ihre Überzeugung zum Ausdruck gebracht, daß durch das vorliegende Buch »Erneuert euer Denken« in unserem Land eine moralische und geistliche Erweckung ausgelöst werden kann.

Beschaffe dir so viele Exemplare wie möglich und lasse sie innerhalb deines Wohnbezirks zirkulieren. Durch deinen persönlichen Einsatz können Tausende neues geistliches Leben und eine geistliche Stärkung erfahren. Du kannst dazu beitragen, daß notvolle, traumatische Erfahrungen verhindert werden, indem Menschen die Bedeutung dessen erkennen, was sich in ihrer Gedankenwelt abspielt.

Auch jeder Prediger und jeder Jugendleiter in deiner Stadt oder Ortschaft sollte ein Exemplar dieses Buches erhalten.

Suche die nächstgelegene christliche Buchhandlung in deiner Gegend auf und sieh nach, ob sie »Erneuert euer Denken« führen. Wenn ja, dann mache den Buchhändler auf die Bedeutung der darin enthaltenen Botschaft aufmerksam. Führt er das Buch noch nicht, dann empfiehl im dringend, einen Vorrat davon aufzulegen und seine Kunden darauf hinzuweisen. Gehe der Sache weiter nach, indem du mit dem Buchhändler immer wieder Kontakt aufnimmst. Deine Beharrlichkeit kann dazu beitragen, daß eine geistliche Erweckung in Gang gebracht wird.

Persönliche Notizen

. . . .

. . . .

. . . .

. . . .

. . . .

. . . .

. . . .

. . . .

. . . .

. . . .

. . . .

. . . .

. . . .

. . . .

. . . .

. . . .

. . . .

. . . .

Persönliche Notizen

. . . .

. . . .

. . . .

. . . .

. . . .

. . . .

. . . .

. . . .

. . . .

. . . .

. . . .

. . . .

. . . .

. . . .

. . . .

. . . .

. . . .

. . . .